W0097445

Harry Pross (Hrsg.)

Kitsch

*Soziale und politische Aspekte
einer Geschmacksfrage*

List Verlag München

Bildnachweis: Bildarchiv Preußischer Kulturbesitz, Berlin (S. 22), Mike Roberts, Berkcley (S. 33), dpa-Bild, München (S. 48), Volker Rapsch, Weiler/Allgäu (S. 84, 87), Süddeutscher Rundfunk, Stuttgart (S. 86), Vicente Romano (S. 96, 99), Ullstein Bilderdienst, Berlin West (S. 97, 124,) Navy Relief Society Distributors, Photo Mayhart Studio, Chicago (S. 110), Deutsche Presse-Agentur, Zentrale Bilderdienst, Frankfurt/M (S. 112), Bilderdienst Süddeutscher Verlag, München (S. 114), AEG-Telefunken, Nürnberg (S. 127)

Redaktion: Marianne Katz

Umschlaggestaltung: Peter Engel, München

ISBN 3-471-78423-3

© 1985 Paul List Verlag, München
Alle Rechte vorbehalten. Printed in Germany
Satz: Leingärtner, Nabburg
Reproduktion: Litho + Composing, München
Druck und Bindung: Clausen & Bosse, Leck

Inhaltsverzeichnis

I
Kitsch oder nicht Kitsch

ROSALINDE SARTORTI

Lernen, was Kitsch ist?

Neubauwohnung. Einbauküche. Neben dem Elektroherd steht eine weiße Plastikente. Lebensgroß. Sie hat sehr liebe treue Augen. Schnabel und Füße im selben Orange-Rot. Das grüne Plastikgras, in dem sie steht, geht ihr bis zum Bauch. Inwendig aber ist sie hohl. Und wenn man das Kabel, das aus dem Gras herauswächst, mit der Steckdose verbindet, dann leuchtet die Ente in einem matten, weißlich-gelben Licht. Bis in den Schnabel und in die Füße hinein. Die Plastikente ist eine Lampe. Ich mag die Ente. Beim Kochen spendet sie mir Licht. Die Leute sagen, die Ente sei Kitsch.

Mein Großvater, Jahrgang 1879, war Maler. Postkartenmaler. Viel Geld hat er damit nie verdient. Rosensträuße, Asternsträuße. Blumen aller Jahreszeiten. Während des 1. Weltkriegs allerdings bekam er einen neuen, einen anderen Auftrag. Nahezu reich konnte er damit werden: Heldengedenkpostkarten. Die Helden waren gefallene Soldaten, die glückselig lächelnd an der Seite oder mit Hilfe von Engeln in wallenden Gewändern und langem lockigen Haar in den Himmel entschwebten. Die Blumensträuße haben mir nie viel bedeutet. Die Engel mit den toten Soldaten waren da etwas ganz anderes. Von soviel Glückseligkeit konnte man nicht unberührt bleiben. Ich hatte die Postkarten in einem kleinen Heft immer bei mir. Aus Zuneigung zu meinem Großvater? Meine Schulkameraden sagten, die Postkarten seien kitschig. Sie lachten darüber, wenn ich sie ihnen zeigte. Eines Tages hat mir jemand dieses Heft mit den Postkarten gestohlen.

Neben meinem Bett auf dem Nachttisch stand eine Figurengruppe aus Porzellan. Ein Schutzengel, ganz weiß, der seine gro-

ßen, mit lauter goldenen Sternen besetzten Flügel über zwei kleine vor ihm stehende Mädchen hielt.
»Das ist dein Schutzengel«, sagte meine Mutter.
Vor dem Nachtgebet schaute ich ihn an und wußte, er wird mich beschützen.
Eines Abends stieß ich gegen den Nachttisch. Mein Schutzengel fiel auf die Erde und zersprang in tausend Stücke.
Ich war sehr traurig.
Meine Mutter sagte, es sei nicht schlimm, weil er ohnehin nichts wert gewesen sei.
Weil es Kitsch war?

Ich fahre für 10 Monate in die Sowjetunion.
Man sagt mir, ich solle sogenannte ›buttons‹ mitnehmen. Poppige Anstecknadeln mit Losungen und Symbolen. »Kiss me«. »Love me«. »I am crazy«.
Die Sowjetbürger würden sich freuen, sagt man mir.
»Über diesen Kitsch?«, frage ich mich.
Die ›buttons‹ werden zu meinem Gastgeschenk.
Doch ich schenke nicht nur, sondern werde auch beschenkt. Mit sowjetischen ›buttons‹ – ›snatschki‹, wie sie dort genannt werden: Lenin. Wieder Lenin. Leningrad. Volgograd. Kaliningrad.
Kleine, in Metall gegossene Embleme, die man sich an den Rockaufschlag steckt.
Und das soll Kitsch sein?

Bei Föhnwetter kann ich von meinem Bürofenster aus den Mont Blanc sehen. Gegen Abend färbt sich der schneebedeckte Gipfel rosarot. So sitzt er, der Berg, direkt vor meinem Fenster. Kaum auszuhalten.
Ich gehe in den Flur, um meinen Unwillen bei einem meiner Kollegen loszuwerden: »Heute sind wieder die ›Paramount Pictures‹ auf dem Programm. Nur der Sternenkranz fehlt«.
Ziemlich kitschig der Mont Blanc, finde ich.

IVAN BYSTŘINA

Kitsch im Kontext der Kultur

1. Der industrielle Kitsch ist ein Produkt unseres Zeitalters. Der Terminus selbst – irgendwann aus der Gründerzeit, nach 1870, stammend – bezeichnet jedoch ein offenbar sehr altes Phänomen. Es fällt uns zwar schwer, unter zahlreichen Höhlenmalereien oder unter den Figürchen, mit welchen »Kunstindustrien« des Gravettien (ca. 20 000 v. Chr.) fast das ganze europäische Festland überschwemmten, eindeutige Kitschobjekte zu finden. Aber schon in den späteren Hochkulturen und insbesondere in der Antike finden sich einzelne signifikante Objekte, die sich von denen, die wir heute als Kitsch empfinden, wenig unterscheiden. Ob sie auch schon in ihrer Zeit ähnlich empfunden wurden, bleibt weitgehend ungewiß.

2. Je tiefer wir in die Vergangenheit vordringen, desto mehr sind wir geneigt, Objekte mit vorausgesetzten ästhetischen Funktionen auch für echte Kunstwerke zu halten. Es scheint, als ob Kitsch hier nur eine marginale Rolle gespielt habe. Erst im neunzehnten und zwanzigsten Jahrhundert ändert sich die Situation. Kitsch erscheint heute nicht mehr marginal, sondern eher als ein kulturelles Zentralphänomen. Was die Quantität der Kitschobjekte und die Breite ihrer gesellschaftlichen Wirkung anbelangt, trifft dies wohl auch zu.

3. Schon die rein sprachlichen, semantischen Bestimmungen des Wortes Kitsch (wie »Scheinkunst«, »einen künstlerischen Wert vortäuschender Gegenstand«, »künstlerisch Wertloses«, künstlerischer Schund« usw.), wie sie in Wörterbüchern zu finden sind, zeigen die primär wertende und zwar ausschließlich abwertende Funktion des Terminus »Kitsch«. Dem üblicherweise negativen Pol des Kitsches (vergl. aber bei Salvador Dali: Ekel ist Lust, und Kitsch ist schön) muß zwingend ein positiver entsprechen; meistens ist es die Kunst.

11

HARMAGEDON — kein Grund zur Furcht, sondern zur Hoffnung!

Weltereignisse, durch die sich biblische Prophezeiungen erfüllen, zeigen deutlich, daß die „letzten Tage", die 'kritischen Zeiten, mit denen man schwer fertig wird', weit fortgeschritten sind (2. Timotheus 3:1-5). Das bedeutet, daß wir uns dem biblischen „Harmagedon" nähern (Offenbarung 16:16). Wie in der Zeitschrift *Family Weekly* zu lesen war, „glauben viele, daß die Gesellschaftsordnung im Begriff ist zusammenzubrechen und Harmagedon vor der Tür steht".

Doch die Nähe Harmagedons sollte kein Grund zur Furcht sein, sondern ein Grund zu echter Hoffnung. Warum? Weil Harmagedon der Krieg Gottes ist, durch den er die Erde von aller Schlechtigkeit säubern und den Weg zu einer herrlichen neuen Ordnung bahnen wird. Wie die Bibel erklärt, werden dann die Gerechten „die Erde besitzen, und sie werden in der Tat ihre Wonne haben an der Fülle des Friedens" (Psalm 37:11).

Wenn die schlechten Verhältnisse für immer vorbei sein werden, wird jeder Tag des Lebens eine „Wonne" sein. Das Glück der Menschen wird nicht einmal durch Krankheit oder durch den Tod getrübt werden, denn Gott wird „jede Träne von ihren Augen abwischen, und der Tod wird nicht mehr sein, noch wird Trauer, noch Geschrei, noch Schmerz mehr sein" (Offenbarung 21:4).

NACH HARMAGEDON — eine gerechte neue Ordnung, in der Frieden und Sicherheit herrscht

4. Bewertet werden einzelne Objekte oder auch ganze Objektgruppen, indem sie je einer von zwei konträren Mengen zugeordnet werden: entweder der Menge der Kunstwerke oder der der Kitschobjekte. Außer den Produzenten selbst sind es die Rezipienten, das Publikum, besonders aber Kritiker als wichtigste Mittler, teilweise auch Fachwissenschaftler, die die jeweiligen Objekte dem Wertungsprozeß unterziehen. Infolge verschiedener Voraussetzungen treffen einzelne oder ganze Gruppen unterschiedliche Entscheidungen. Darüber hinaus kann das Objekt selbst Merkmale eines Kunstwerkes und zugleich eines Kitschobjektes aufweisen. Die Unterscheidung zwischen Kitsch- und Kunstobjekt wird dadurch in manchen Fällen schwierig.

5. Einzelne Gruppen von Kulturgegenständen bilden in der Regel keine echten Mengen im klassischen Cantorschen Sinne, d.h. keine Gesamtheiten von bestimmten wohlunterschiedenen Objekten. Es handelt sich eher um unscharfe Mengen (fuzzy sets), deren mathematische Theorie erst in der letzten Zeit entwickelt wird. Im Laufe der Zeit werden oft einzelne Objekte, ja sogar ganze Stilrichtungen einmal als Kitsch, einmal als Kunst bewer-

Kitsch in der Religion. *Das Bild aus der Zeitschriftenwerbung einer religiösen Sekte täuscht nicht nur ästhetische, sondern auch religiöse Werte vor. In der Opposition* Kitsch gegen Kunst *wird das Bild durch stereotype, abgeschmackte Muster und Darstellungsweisen charakterisiert, durch einen gefälligen, idealisierend* »realistischen« *bzw.* »fotografischen« *Stil, wie man ihn auf kitschigen Ansichtskarten, in der Reklame, bei billigen Illustrationen der Trivialliteratur, im* »sozialistischen Realismus« *u. dgl. findet. In der Opposition* Kitsch gegen Religion *gehen im Bild (wie auch im dazugehörenden verbalen Text) alle* Tiefenstrukturen *einer uralten, universalen Mythe vom Paradies verloren. Es bleibt eine von der* Oberflächenstruktur *leicht ablesbare Charakteristik des Paradieses: Überfluß an Naturgaben, eine friedliche Menschen- oder Tierwelt. Dieses abgeflachte Paradies, das im Begleittext als* »eine gerechte neue Ordnung, in der Frieden und Sicherheit herrscht«, *gekennzeichnet wird, soll schon bald kommen, nachdem ein* »Krieg Gottes« *zu Ende ist,* »durch den er die Erde von aller Schlechtigkeit säubern« *wird, offensichtlich ein atomarer Weltkrieg, dem der klangvolle, hier kitschig wirkende, effekthaschende biblische Name* »Harmagedon« *gegeben wurde und der* »kein Grund zur Furcht, sondern zur Hoffnung« *sein soll! (I.B.)*

Hochdosiertes „Wundermittel" gibt Körperzellen neue Lebenskraft

Jungbrunnen Vitamin

Der R̶
wird g̶

Man ist immer so alt, wie man sich fühlt. Das ist ein̶ an der nichts auszus̶ wenn sich nicht doc̶ Menschen früher ̶ die ersten Alters̶ bemerkbar mach̶ Körperliche und g̶ tät lassen häufig ̶ nach. Man fühlt ̶ und unwohl: Viel̶ dieser Knick sch̶ vierzigsten Leben̶
Von welchem ̶ der natürliche P̶ terns beginnt, is̶ bekannt. Dageg̶ daß sich die e̶ Vorgänge in de̶ len.
Sie beginnen ̶ Erkenntnis an c̶ grenzung der Z̶ sich im Zellinn̶ energiełiefernd̶ und nach imm̶ stung produzie̶ müßten sich d̶ ge Altersersch̶ dern lassen, ̶ die Zellmemb̶ halten und di̶ der Körperzel̶
Die Entdec̶ von hochdos̶ läßt diese t̶ lichkeit in g̶ ken. Nach ̶ nisstand hat ̶ amin E auf ̶ von Leistu̶

drohte Zelle ein̶

Neue Hoffnung für Kin-der, die ein verkrümmtes Rückgrat haben und des-halb ein sichtbares stähler-nes Korsett tragen müssen: Für sie gibt es jetzt eine Chance, ohne Stützkorsett, ohne Scheu und Komplexe mit ihren Schulfreunden spielen zu können.
Hoffnung auch für El-tern und Ärzte, die mit Sor-ge beobachteten, daß die Behandlung der defor-mierten Wirbelsäule we-gen des körperlich und seelisch belastenden Kor-setts oft vorzeitig abgebro-chen wird. Die Schäden bleiben dann.

Stimulierende Elektrizität

hat̶
Bo̶
..E̶
den̶
von̶
Elek̶
ken ̶
über ̶
einer ̶
verbu̶
ginnt ̶
mula̶
keln ̶
ze. Di̶
der sc̶
fährlic̶
hen si̶
bewirk̶
Jahre ̶
Begrad̶
säule."
Die El̶
späteste̶

DIE ANDERE MEDIZIN: Erkenntnisse und Methoden der Erfahrungsheilkund̶

Chelat-Therapie putzt A̶

Immer mehr Menschen quälen sich mit Herzbeschwerden, nächtlichen Waden-krämpfen, Beinschmerzen, Bluthochdruck

Was ist Chelat-Therapie? Durch Infusionen werden Kalkablage-rungen in Arterien und an Gelenken ver-

Zwei Jahre wird er in verschiedener Kliniken behandelt. Der vormals außeror-dentlich aktive Mann muß schließlich sei

tet. Ein gutes Beispiel bietet der Jugendstil, dessen Werke lange Zeit als kitschig abgelehnt, später dann als künstlerisch wertvoll anerkannt wurden.

6. Kitsch gehört zu den Randerscheinungen einer breiten und vielfältig differenzierten Mannigfaltigkeit, deren Zentrum die Kunst bildet. Neben den Originalwerken der Kunst entstehen oft zahlreiche Reproduktionen, Nachahmungen, Kopien, Falsifi-

14

E

zweifachen

...eine

cken
rade

u Dr. Joachim-Ger-
chneider von der
Universitätsklinik:
kten Kindern wer-
dem Zubettgehen
en Eltern Klebe-
en auf den Rük-
etzt. Sobald sie
ie Leitung mit
inen Steuergerät
n werden, be-
Anregung (Sti-
der Rückenmus-
elektrische Rei-
handlung ist we-
rzhaft noch ge-
ie Muskeln zie-
usammen und
im Laufe der
nfte Weise eine
g der Wirbel-

otherapie muß
wei Jahre vor
leute:

Medizin

Zahnarzt als
guter Onkel

Mit Hypnose ... Ent-
aeli-
Hochziehen
nsi-
statt Schnauben
arm
es

Das ist eine gute Nachricht für nte
viele: Das unappetitliche Hochzie- nd,
hen der Nase ist für die Gesundheit zu
wesentlich vorteilhafter als das ma-
nierliche Naseschnauben. Wie der er-
Lenzkirchner Arzt Dr. J. Parow in ale
der „Naturheilpraxis" berichtet, ch
werden beim Schnauben der Nase so-
in ein Taschentuch unvermeidlich e-
Bakterien aus dem Nasenrachen- n-
raum in das Mittelohr hineinge- en
drückt. m
Das erhöht das Risiko einer
Mittelohrentzündung. Beim kräfti- i-
gen Schniefen dagegen findet ein v
Druckausgleich zwischen Außen-
luft und Mittelohr statt, und das i
Sekret aus dem Mittelohr wird ab- l
gesaugt. Doktor Parow wörtlich:
„Das heißt nichts anderes, als den
Kindern die ihnen selbstverständ-
liche Art, die Nase durch Hochzie-
hen zu reinigen, zu lassen."

Brot und Wurst
ohne viel Salz

Wer unter hohem Blutdruck leidet, soll seinen Salzverbrauch ein-
schränken. Der erste Schritt ist,
auf Extra-Salz aus dem Streuer, auf
Ketchup, Fleischextrakt und der

Intelligenter
in reiner Luft

---

ern frei

Große Herzoperationen
Der Patient kann dabei sit **werden oft überflüssig**
„Allerdings", so betont
r. d. Schaar vom Internationalen Biomedi-

Kitsch in der Wissenschaft *bzw. in
der Wissenschaftspublizistik. Das,
was hier auf einer Seite einer Nummer
des Sonntags-Journals einer Berliner
Tageszeitung berichtet wird, täuscht
einen hohen wissenschaftlichen und
innovativen Wert vor, dessen Anwesenheit mindestens sehr fragwürdig
ist. Es fehlt einer der wichtigsten
Werte sowohl in der Wissenschaft als
auch in der Journalistik: kritisches
Verhältnis zum Objekt der Untersuchung. In großer Aufmachung und
mit marktschreierischen Überschrif-
ten werden Neuigkeiten aus der »anderen Medizin« sowie »Wundermittel« der Pharmaindustrie dem Leser
meistens als garantierte Allheilmittel
angeboten. Unter dieser schillernden
und zugleich schreienden Oberfläche
fehlen jedoch die Tiefenstrukturen ge-
nuin wissenschaftlicher Aussagen.
(I.B.)*

---

kate. Einzelne Texte werden vielfach in szenischen, musikalischen und medialen Vorführungen realisiert. Neben der »hohen«
oder »reinen« Kunst existiert die angewandte (Kunsthandwerk,
Kunstgewerbe), die Kunst der Folklore, die naive Kunst, Kunstwerke der Kinder und Schizophrenen, Unterhaltungs- und Tri-
vialkunst. Kitschobjekte unterscheiden sich im Prinzip von allen
diesen Phänomenen, obwohl die Differenzierung in einzelnen
konkreten Fällen äußerst problematisch ist.

15

7. Ähnlich wie Kunstwerke und andere Zeichenkomplexe sind auch Kitschobjekte Texte, die in sich eine Botschaft (message) tragen, eine Mitteilung des Textproduzenten an die Textrezipienten. Alle anderen Objekte, die keine Texte sind und uns dennoch kitschig erscheinen, gehören nicht zur Kategorie des Kitsches bzw. können so nur im übertragenen Sinne bezeichnet werden. Wenn wir einen farbigen Sonnenuntergang als kitschig empfinden, ist es nur eine sekundäre Übertragung einer schon früheren Empfindung aus dem Bereich der Kitschmalerei oder -fotografie auf das Naturgeschehen. Auch Gebrauchsgegenstände, soweit sie keine ästhetische Funktion haben, können nicht als Kitschobjekte betrachtet werden. Erst wenn einige Merkmale eines solchen Objekts einen besonderen signifikanten Charakter aufweisen, der meistens mit der eigentlichen Gebrauchsfunktion des Objekts nichts zu tun hat, können wir vom Kitsch sprechen (z.B. eine Teetasse mit dem Porträt von Prinz Charles und Lady Diana).

Diese semiotische Auffassung des Kitsches, die durch den Charakter der Kitschobjekte selber gerechtfertigt ist, schließt den Kitsch aus dem Gebiet der Natur und der Technik aus und ordnet ihn dem Bereich der Kultur zu, die wir mit Jurij Lotman sinnvoll als Gesamtheit von Texten (und – breiter gefaßt – auch von Zeichenprozessen der Herstellung, Übertragung und Rezeption von Texten) auffassen wollen.

8. Die Funktion des Zeichens ist bekanntlich, auf etwas, ein Bezeichnetes, hinzuweisen. Bei einem Kunstwerk als Zeichen (als Text) dominiert die ästhetische (bei Roman Jakobson auch poetische) Funktion. Das bedeutet, daß ein Kunstobjekt primär auf sich selbst, auf seine eigene (ästhetische) Struktur, hinweist. So wird das Zeichen zugleich zum Bezeichneten.

9. Die ästhetische Komponente eines Objekts spricht im Rezipienten ein ihm eigenes ästhetisches Bedürfnis an. Wird dieses Bedürfnis befriedigt, ordnet der Rezipient diesem Gegenstand einen bestimmten Wert zu. Je stärker in einem Kunstobjekt die ästhetische Komponente dominiert, desto höher ist für den Rezipienten der (ästhetische) Wert. Daraus ergibt sich eine graduelle Abstufung von hervorragenden bis hin zu minderwertigen Kunstwerken. Ein Werk, dem man jeglichen ästhetischen Wert ab-

spricht, kann kaum als Kunstwerk bezeichnet werden. Jan Muka-řovský verweist darauf, daß».. unter Werken der gleichen Kunstrichtung, ja desselben Künstlers, also unter Werken, die annähernd im gleichen Stand der künstlerischen Struktur und unter gleichen sozialen Bedingungen entstanden sind, einige mit an Evidenz grenzender Augenfälligkeit wertvoller, andere weniger wertvoll erscheinen«.

10. Ähnlich wie ein Kunstwerk verweist auch ein Kitschobjekt auf sich selbst, auf seine Struktur, der jedoch wesentliche Merkmale einer ästhetischen Struktur fehlen. Die Anwesenheit einer Kunstwerkstruktur und eines ästhetischen Wertes wird vom Kitschobjekt vorgetäuscht. Bei den Rezipienten, die sich derart täuschen lassen, entsteht eine Ersatzbefriedigung des ästhetischen Bedürfnisses, und dem betreffenden Objekt wird ein scheinästhetischer Wert zugeordnet. Oder mit den Worten Jan Kotiks: »Wenn eine Nähmaschine vortäuscht, sie sei ein Barockschrank, dann wird sie zum Kitsch.« (Umgekehrt gilt es nicht: Wenn ein Barockschrank vortäuscht, er sei eine Nähmaschine, handelt es sich wohl um seine Benutzung als Metakunstwerk durch die Dadaisten.)

11. Die semantische Frage nach der Wahrheit spielt bei einem Kunstwerk, wenn überhaupt, dann nur eine untergeordnete Rolle. Was man in der Kunst als »Wahrheit« bezeichnet, ist etwas ganz anderes als nur eine einfache Übereinstimmung zwischen Zeichen und Bezeichnetem. Beim Kitsch, bei dem die Täuschung konstitutiv ist, stellt sich unvermeidbar die Frage nach Wahrheit und Lüge. Unsere Auffassung vom Kitsch knüpft somit an die Tradition von Broch (Kitsch als Lügen- und Verschönerungsspiegel), Adorno (Kitsch als Ausdruck der Unwahrheit, als Kunst, die ihren Wahrheitsanspruch verrät) u.a. an.

12. Das Phänomen der Täuschung ist nicht nur auf die Kunst beschränkt, sondern im ganzen Bereich der menschlichen Kultur anzutreffen. Entstand doch die Kultur selbst aus der Überlistung der Natur, wie übereinstimmend Hesiod (Prometheus-Mythos) und südamerikanische Indianermythen bezeugen. Manche popularisierenden Werke und sog. Sachbücher täuschen wissenschaftliche Werte vor, was ihnen besonders durch phantastische und

zugleich publikumswirksame »Theorien« gelingt. So kann man z.B. ohne weiteres Schriften als wissenschaftlichen Kitsch bezeichnen. Auch in anderen Bereichen der Kultur finden sich massenweise wertvortäuschende Objekte, bzw. Texte: bei Kleidung und Schmuck, in der Kochkunst, bei Sport und bei Spielen, in der Reklame, in verschiedenen Sparten der Unterhaltung, bei Zeremoniellen und Ritualen, im kirchlichen Kult, in der Politik, beim Militär usw. In all diesen Bereichen findet man etwas Gemeinsames, was eine erweiterte, nicht nur auf die Opposition zur Kunst beschränkte Auffassung des Kitsches ermöglicht:

Kitsch besitzt einige Merkmale der Oberflächenstruktur eines wertvollen Kulturobjekts (besonders eines Kunstwerks), ohne die Merkmale dessen Tiefenstruktur aufzuweisen, wobei er vortäuscht, dennoch ein wertvolles Kulturobjekt (Kunstwerk) zu sein.

HARRY PROSS

Kitsch oder nicht Kitsch?

I

Der Ausdruck »Kitsch« kam um 1880 in München auf. Er bezeichnete damals rasch angefertigte Malereien der Schwabinger Künstler, die zum »Verkitschen«, zum billig Verkaufen also, an Reisende und Sommerfrischler bestimmt waren. – Das Bismarckreich war gerade zehn Jahre alt. Es hißte seine Flagge in Westafrika. Innenpolitisch sollte die Opposition durch eine Sozialgesetzgebung verringert werden, die Bismarck selber »Staatssozialismus« nannte. Der preußische Militarismus hatte begonnen, zur »Schule der Nation« zu werden. Bis in die Körperhaltung hinein und die Redeweisen begann der kleine Mann, sich mit der herrschenden Klasse zu identifizieren. – In der Geisteswelt stellte Friedrich Nietzsche der *Kunst* die Aufgabe, die schreckliche Wahrheit erträglich zu machen. Kunst sei dem Menschen nötig, damit er nicht an der Wahrheit zugrunde gehe.
Erich Heller hat unlängst *(Nietzsche und die zu Ende gedachte Kunst,* 1982) den katastrophalen Zusammenhang dieser Philosophie aufgedeckt:»Wo die Welt so unerträglich im argen und ärgsten liegt und eine unaufhörliche Beleidigung des Geistes ist wie in dieser ästhetischen Philosophie, und die Lüge so schön wie die Schönheit der Kunst ...; wo das ›Wirkliche‹ als der schlimmste Feind des Menschen gilt und die Illusion daher als der täuschende Erlöser, dort ist die menschliche Welt drastischer entzweigerissen, als sie je im Platonismus oder Christentum war. Eine Kluft hat sich geöffnet, die anscheinend unwiderstehliche – Schwärme von Dämonen anlockt. Manche unter ihnen – es müssen ja nicht gleich verpfuschte Künstler, schlechte Maler sein – erheben, Lärm schlagend, den Anspruch, daß es ihre Sendung sei, die getrennten Sphären wieder in eins zu fügen, indem sie sich der

Die Sonne fank im Weſten.

Und wenn du einst nach Jahren zur Heimat
kehrst zurück,
So nehme meinem Liebchen
Dies teure Kleinod mit.

Militaristisches Gehabe und Kadavergehorsam. Die Feldpostkarte –
Quelle des politischen Kitsches

Ran an den Feind

Nationalsozialisti-
sche Lichtsymbolik:
Bücherverbrennung
1933

Hitler, Hindenburg
und der Alte Fritz:
Kitsch der nationa-
len Erhebung – der
»Tag von Potsdam«
am 31. März 1933

Wirklichkeit bemächtigen, als wäre sie wie ein Marmorbruch nur
das Rohmaterial für ein ›Kunstwerk‹, ein pseudo-ästhetisches
Phänomen, nämlich einen ›ideologisch‹ makellosen Staat oder
eine vollkommene Gesellschaft.«

Die Tendenzen der 1880er Jahre – Kunst als Ware zum raschen
Verkitschen, sozialpolitisch-militaristische Massenregie der
herrschenden Klasse und der ideologische Bruch zwischen Wahrheit und Schönheit – setzten sich fort im »Dritten Reich«, das sich
als eine Erfüllung der Wünsche des Zweiten auf Wiederverei-
nigung verlorener Größen bedacht propagierte. Der erfolglose
Schwabinger Maler Adolf Hitler führte den Pinsel; aber er
machte die Farben nicht. Sie waren da. Sie sind noch da.

II

»Kitsch« stand in der ersten Hälfte unseres Jahrhunderts im Zeichen der Kunst-Diskussion. Sie ist offen und verarbeitet nahezu gleichzeitig alle Argumente für und wider, die seit der Antike bekannt geworden sind. Sie reicht von der Kunst der selbstgewebten Gewandung alternativ zur technischen Reproduzierbarkeit des Kunstwerks, und von Ortegas »deshumanización del arte« bis zu Ernst Blochs Kunstwerk als »Stern der Antizipation«. In dieser ungeheuerlichen Vielfalt der Positionen erscheint der Kitsch jeweils als die Negation des Kunstwerks, bei Hermann Broch als das Böse im »Wertsystem der Kunst«. Broch macht dabei einen anthropologischen Vorbehalt: »... ich spreche eigentlich nicht über Kunst, sondern über eine bestimmte Lebenshaltung. Denn Kitsch könnte weder entstehen, noch bestehen, wenn es nicht den Kitsch-Menschen gäbe, der den Kitsch liebt, ihn als Kunstproduzent erzeugen will und als Kunstkonsument bereit ist, ihn zu kaufen und sogar gut zu bezahlen; Kunst ist, wird sie im weitesten Sinne genommen, immer Abbild des jeweiligen Menschen, und wenn der Kitsch Lüge ist – als welche er oft und mit Recht bezeichnet wird –, so fällt der Vorwurf auf den Menschen zurück, der solch Lügen- und Verschönerungsspiegel braucht, um sich darin zu erkennen und mit gewissermaßen ehrlichem Vergnügen sich zu seinen Lügen zu bekennen.«

Vergleicht man die Stellungnahme Brochs mit Nietzsches Wort, daß die Kunst den Anblick des Lebens erträglich mache, indem sie »den Flor des unreinen Denkens über dasselbe legt«, so weist er dieselbe Aufgabe dem Kitsch zu. Nietzsche braucht die Kunst und Broch den Kitsch, um zu illusionieren. Aus dem Gegensatz der Kunst zur Wahrheit ist die Einheit von Kitsch und Lüge geworden. Das führt weit über unsere Diskussion hinaus zur Frage nach der Notwendigkeit von Lüge und Wahrheit. Braucht der Mensch Kunst, um die Wahrheit zu erkennen? Braucht er Kitsch, um die Lüge zu ertragen? Oder braucht er Kitsch, um die Lüge zu erkennen? Oder hat die Kunst mit Wahrheit und Lüge nichts zu tun und der Kitsch ebenfalls nicht?

Lassen wir die Frage weg, ob der Mensch Wahrheit braucht und wie er sie erträgt, wie nötig er die Lüge hat und wie sie ihm bekommt, so reduziert sich das Problem auf die Erkennbarkeit der Zeichen von Wahrheit und Lüge.

III

Kitsch ist ein verhältnismäßig junger Ausdruck für eine alte Sache, die Diskrepanz zwischen dem menschlichen *Bezeichnungsvermögen* und seinem *Erkenntnisvermögen*. Beide orientieren sich an Gegenständen und Personen der Umwelt, denen wir, je nach unserer Programmierung, Bedeutungen zulegen, die der Sache entweder nahe kommen oder nicht. Daß der eine für Kitsch erklärt, was der andere für Kunst hält, folgt aus unterschiedlichen kategorialen Voraussetzungen, die in der Auseinandersetzung des Individuums mit seiner Umwelt erworben werden. Diese Auseinandersetzung bestimmt das Subjekt durch die Erfahrungen, die sie vermittelt. Hinter die selbstgemachten Erfahrungen kann das Urteil nicht zurück, also überträgt es die Erkenntnisse von Erfahrung in andere Zeiten und auf andere Gegenstände, Personen und Zustände. Wir hängen an den Sachen, die wir kennen, und nicht an denen, die wir nicht kennen. Wir neigen dazu, uns des schon Vertrauten zu vergewissern. Deshalb heiligen wir das *Andenken*. Es ist ein Moment der Vergewisserung dessen, was wir *sind,* und da ist es dann ganz unerheblich, ob das »gute Form« oder »schlechte Form«, ob das Kunst oder Kitsch ist. Wir mögen dieses »etwas«, weil es unserem Subjekt in der Auseinandersetzung mit der Umwelt einen Rückhalt gibt. Das Amulett, das Foto, der Granatsplitter, der uns »beinahe« getroffen hätte, das Häkeldeckchen der Urgroßmutter, Hausrat von anno dazumal – sie sind uns wichtig, weil sie die Zukunft durch Herkunft abzusichern scheinen. Darum kaufen wir als Antiquität oder als »Stilmöbel«, was wir als »das Alte« nicht haben. Eine ganze Industrie arbeitet dafür, diese Bedürfnisse zu befriedigen. Ein unerschöpflicher Markt, weil noch immer neue Menschen nachwachsen, die sich ihrer Umwelt als »Selbst« präsentieren müssen und nicht wissen können, wie. »Die Seite, die das Ding dem Traum zukehrt, ist der Kitsch«, schrieb Walter Benjamin 1927 in der *Neuen Rundschau.*

Der Anthropologe Ludwig Giesz hat im Anschluß an Broch den »Kitsch-Menschen« als »latente Möglichkeit des Menschen überhaupt« dargestellt; aber das bleibt vage. Die »latente Möglichkeit« – auf den Zwang reduziert, sich in der *Auseinandersetzung mit einer vorgegebenen Umwelt* selbst darstellen zu müssen – engt

24

diese Latenz auf die Faktoren Umwelt und Individuum ein und auf die Aus-ein-ander-setzung des Individuums mit dieser Umwelt durch sein Bezeichnungs- und Erkenntnisvermögen.

IV

Die Auseinandersetzung kann magisch erfolgen. Dann sind die Erscheinungen die Sache selber, und das Denken macht keinen Unterschied zwischen dem, was es sich vorstellt und dem, was es *wahr*nimmt. Es gibt dann keinen Unterschied zwischen Wunsch und Erfüllung, zwischen Bild und Sache. Dann *ist* der Kunstdruck mit dem Hirsch und dem Kreuz zwischen dem Geweih der heilige Hubertus. Er *ist* es im magischen Denken wirklich. Die beleuchtete Gondel aus Venedig *ist* dann »unser Venedig«. Wir küssen das Andenken an die Oma, weil es die Oma für uns *ist*. Für die Gondel kann ein Replikat aus einem ägyptischen Museum stehen, für den heiligen Hubertus ein westafrikanischer Fetisch oder die »Unbekannte aus der Seine«, die in den 1950er Jahren die Wohnzimmer schmückte. Die Gegenstände des privaten Kults sind fast beliebig – nicht der Gegenstand, sondern seine Bedeutung zählt.

Der »Kitsch-Mensch« von Broch und Giesz denkt ungeschieden. Er synthetisiert über die Voraussetzungen seiner Intelligenz hinweg, indem er Grenzen ignoriert, die zur Kritik anhalten. Wo Analyse gefordert wäre, leistet er Synthese. Die Auseinandersetzung ist keine, sondern eine Zusammensetzung mit irgendwie kombinierten Formen, Farben und Gestalten als Selbstdarstellung.

Von der rationalen Auseinandersetzung her gesehen, ist diese Selbstdarstellung eine Selbsttäuschung; man genießt die Rührseligkeit, die Idylle, Pornokitsch und Heimatfilm, aber auch den feierlichen Staatsakt gleichermaßen zur »Erhöhung« des eigenen Subjekts, von dem wir ja immer befürchten müssen, daß es verlorengeht, wenn es nicht erneuert wird (Viktor von Weizsäcker). »Kitsch, der die Spannung zwischen Subjekt und Objekt in bruchloser Harmonie versöhnen möchte, hat sein Kriterium darin, daß er der Wirklichkeit aus dem Wege geht, indem er sich selbst als Wirklichkeit setzt« (Karl Markus Michel). In der Unterhaltungsindustrie, die an unseren emotionalen Defiziten sich bereichert, und in der gegenwärtigen politischen Präsentation ist die Herrschaft des Kitsches fast total.

Wir erneuern unser Subjekt nicht an reiner Umwelt, sondern in verkitschter Umwelt. Als der katholische Moraltheologe Richard Egenter 1950 zum ersten Mal über *Kitsch und Christenleben* schrieb, charakterisierte er den Kitsch als Vorwand für Höheres, während er in Wahrheit raschen Sinnengenuß vermittle, und ernannte dabei Berninis »Verzückung der hl. Therese« zum »Edelkitsch«. Dagegen wandte der Kunstkritiker Wilhelm Hausenstein ein, die »Therese« sei zwar ein »höchst sensualistisches Werk ... ein erschreckend anzügliches, um nicht zu sagen direktes Bild sinnlicher Ekstase ... aber auf gar keine Weise ein subalternes, das also aus minderer Kraft zur Gestaltung hervorgegangen wäre«. Zwar doppeldeutig, bleibe Berninis Werk »noch eindeutig vor der Schwelle des Kitsches«. Ähnlich verteidigte Hausenstein die Wieskirche und andere Werke des Barock und Rokoko, das Egenter insgesamt als ein Zeitalter der Sünde zu betrachten sich anschickte. Broch hingegen fand den Ursprung des Kitsches in der Romantik und nannte das 19. Jahrhundert das des Kitsches.

V

Gegen solche Zuweisungen wäre der Einwand zu erheben, der auch gegen das Konzept des »Kitsch-Menschen« einzulegen ist: Weder das »Kitsch-Zeitalter« noch der »Kitsch-Mensch« sind dingfest zu machen. Was wir von den »Zeitaltern« wissen, folgt der historischen Periodisierung, die im nachhinein Historiker untereinander ausgemacht haben, indem sie Zeugnisse aus der Vergangenheit nach gewissen Merkmalen summiert haben. Sie sind Hilfskonstruktionen der gegenwärtigen Praxis für ungewisse Zukünfte und bestimmt von gegenwärtigen Vorurteilen.

Vollends der »Kitsch-Mensch«. Wenn der Kitsch eine Spekulation auf Magie ist, sowohl von seiten des Subjekts wie von den Propagandisten gesellschaftlicher Großmächte, die subjektive Unsicherheit der Selbstdarstellung und des Urteils für ihre Zwecke ansprechen – dann sind wir alle zu gewissen Zeiten »Kitsch-Menschen« und in anderen nicht. Nicht nur »Kitsch-Menschen« scheitern, jedermann scheitert gelegentlich an der von Broch bei Eichendorff festgestellten »Sentimentalitäts-klippe« und mißachtet die feste Grenze zwischen Wahrnehmung und Vorstellung, zwischen Wunsch und Erfüllung, zwischen Bild und Sache. Ob in Selbsttäuschung, ob in gutem Glauben, ob mit »echten Gefühlen« oder unechten – wer will das feststellen? Ich meine deshalb auch, daß die Kitsch-Diskussion, soweit sie die Konsumenten von Kitsch betrifft, mit »echt« und »unecht«, »billiger« Rührung und »tiefen« Gefühlen *nicht* weiterführt. Wir alle sitzen im Theater unserer Selbstdarstellung; und spielen wir gut, so haben wir doch keinen Einfluß auf die Verkitschung durch andere.

Neulich sah ich einen Schauspieler die Filmszene betrachten, in der er als »Winnetou« in der Prärie starb. Die Tränen traten ihm in die Augen, so schön ist er gestorben; aber ich fragte mich, wo die Kirchenglocken zu der Sterbeszene in der Prärie herkamen, und ob nicht sie die Tränendrüsen animierten? Seine Kunst war, stumm und nobel zu sterben. Die Glocken in der Prärie aber waren der reine Kitsch.

Der moraltheologische Appell Egenters für »reine Frömmigkeit« gegenüber verkitschter Religionspraxis endet deshalb in der Tiefenpsychologie. Wo setzt die Heuchelei ein? Schon beim Augenaufschlag, erst in der Position, im Ambiente oder im Ausdruck, den es vom Subjekt erfordert? Brochs ethischer Appell, die Wertsysteme zu respektieren und gut mit schön nicht zu verwechseln, stößt an die gleichen Grenzen. Drei Jahrzehnte nach Broch und Egenter stellt sich die Frage anders: Wie begegnen wir einer Umwelt, die jederzeit »raschen Sinnengenuß« vermittelt als Vorwand für »Höheres«? Die Religionskritik an der Darstellung Marias als »süßem Mädchen«, am Predigtkitsch, an »kuhwarmen Blicken aufwärts« trifft heute auch die politischen Mitteilungssysteme: Man achte auf den Blick aufwärts, den Präsident Reagan alltäglich zelebriert, und den »Predigtkitsch« des Bundeskanzlers Kohl. Der »mündige Bürger« soll mit *rational eingesetztem Kitsch* ins magische Denken zurückgestoßen, außerstande gesetzt werden, kritisch urteilen zu können. Man »verkitscht« ihm die Kriterien. Der Kitsch ist ein Kommunikationsmittel, ein Medium, das rasch Affekte transportieren soll, indem es die Unterscheidungen von Vorstellung und Wahrnehmung, von Wunsch und Erfüllung, von Bild und Sache zu überspielen sucht.

VI

Ich kehre zu den Tendenzen der 1880er Jahre zurück, als der Ausdruck »Kitsch« in Umlauf kam. Das Moment des Flüchtigen, das im Kitsch liegt, die mangelnde Sorgfalt der künstlerischen Arbeit, ihre Sorglosigkeit, hat sich seitdem in anderen Medien breitgemacht. Die vermehrten und »unendlich erleichterten Kommunikationen« (Marx/Engels, 1849) sind nur um den Preis der verkürzten Einzelmitteilung zu haben. Die Fernseh-Serie *Holocaust* wurde in drei Wochen abgedreht, und der unvorstellbare Mord an Millionen Juden dabei durch ein halbes Dutzend Paar-Beziehungen anschaulich gemacht. War die Rührung »echt« im Sinne unserer Moralisten? War sie eine Kompensation der schrecklichen Wahrheit, wie Nietzsche sie von der Kunst forderte, Broch dem Kitsch vorwarf? Oder war sie ein voyeuristischer Effekt, der beim Dritten immer eintritt, wenn er Paare agieren sieht? Verkitschung der Welt durch bunte Magie bei einem Publikum, das inzwischen die Wirklichkeit »schön« findet, wenn sie ist »wie im Kino«? »Regressives Sehen« also, analog zu dem, was Adorno 1937 »regressives Hören« nannte? Die Auffassung von der »Wirklichkeit als schlimmstem Feind des Menschen« und daher der »Illusion als täuschendem Erlöser« (Erich Heller) ist längst zur Maxime der Unterhaltungsindustrie geworden. Millionen verwenden auf den Fernsehritus mehr Zeit, als sie in ihren frömmsten Zeiten aufs Gebet verwendet haben. Der Kitsch ist dem Arrangement unentbehrlich, denn er transportiert die Lebenslüge des Systems, indem er die kleinen Gefühle, die emotionalen Defizite in die Hierarchie einbindet. Das Geheimnis des Kitsches liegt in der *Angleichung der Grössenverhältnisse,* in der Verkleinerung des Unzugänglichen auf die räumlichen Bedingungen der Umwelt, in der der einzelne sich selbst darstellen muß. Souvenirs sind die Trophäen des kleinen Mannes. Der ägyptische Obelisk oder der Eiffelturm (mit Schneeflocken in der Glaskugel) heimgebracht und aufgestellt in der eigenen Höhle. Zum Kitsch gehört, daß er vorhandene Elemente zu harmonisieren sucht, die nicht vereinbar sind, die als solche aber jedes für sich ihre Funktion und ihre Schönheit haben. Damit dient er nicht nur der Selbstdarstellung, sondern verrät auch etwas über die Selbsttäuschung.
Show-Kitsch, Andenken-Kitsch im weitesten Sinne verbinden in

aller Regel ihre Produzenten mit den Konsumenten über den Markt. *Gefühl als Ware,* wie Karl Markus Michel 1959 formuliert hat. Die Statistik dieser Industrien könnte einen Hinweis auf den Umfang der Beziehung geben. Dem Anschein nach sind Produzenten in der Dritten Welt beim Andenkenkitsch emsig für Europa tätig, ähnlich wie früher die böhmischen Glasperlenfabrikanten für die »Wilden« in Amerika und Afrika, eine wohltuende Ironie der Geschichte ... Grüße aus Tirol, made in Hongkong.

VII

Weniger lustig ist die Entwicklung des *politischen Kitsches.* Vor hundert Jahren dienten patriotische Bilder und Postkarten, patriotisches Lied und militaristisches Gehabe als Medien der Verkitschung, will heißen: dem raschen Umsatz von subjektiver Unsicherheit in machtkonformes Verhalten. »Kadavergehorsam« statt »Zivilcourage«. Ein unerschöpflicher Stoff der zeitgenössischen Witzblätter und Karikaturen.

Dieser *Deutsche Kitsch* (Walther Killy) war so haltbar, daß die Nazis nach ihrer Machtübernahme 1933 ein Gesetz erließen, um sich vor ihm zu schützen. Er hätte die »Nationale Erhebung« an den deutschnationalen Fetischen festgemacht und damit die deutschnationale Komponente festgehalten. Die Hitler-Bewegung sollte aber als »Nationale *Revolution*« darüber hinausgehen. Deshalb mußten das Hakenkreuz und Adolf Hitlers Bild, mußte der Totenkopf der SS vor »Mißbrauch« geschützt werden. Mit dem Schutz der Symbole ging die Sprachregelung einher, dieser folgte die Stigmatisierung der Juden durch den Gelben Stern: *Der Mythus des 20. Jahrhunderts* trat aus den Buchdeckeln auf die Straße und verstellte die Fluchtwege. Der *Todes- und Katastrophenkitsch* wurde allgemein gemacht, ehe der Krieg begonnen werden konnte. Saul Friedländer nennt ihn einen Kitsch besonderer Art: »einerseits ein Aufruf zur Harmonie, zur emotionalen Anteilnahme auf der flachsten und unmittelbarsten Ebene, andererseits Einsamkeit und Entsetzen. Die Kurzschlußverbindung dieser beiden gegensätzlichen Elemente bildet die Grundlage einer gewissen religiösen Ästhetik und ebenso das Fundament sowohl der Nazi-Ästhetik als auch der heutigen Evokation des Nazismus.« (1984)

Das deutsche Volk wurde ein Volk von Illusionisten, der wüsten Welt abhold und der deutschen Schönheit zugetan, *ehe* es Hitler in die Katastrophe folgte. Auch dazumal kam der Kitsch oft genug »unpolitisch« daher und war, wie heute, politisch wirksam durch Entpolitisierung der Vernunft. Was Kitsch ist und was nicht, das ist nur vordergründig eine bloß ästhetische Frage. Massenregie bleibt sich gleich, auch wenn ihre Motive, ihre Symbole und die Art der Sanktionen sich ändern. Es gibt nicht nur Nazi-Kitsch. Es gibt auch Anti-Nazi-Kitsch. Es gibt nicht nur den Kitsch als »höhere und höchste Lebensart«. Es gibt auch Alternativ-Kitsch. Kitsch ist politisch explosiv, weil er die Lebenslust, die Hingabefähigkeit von Millionen Menschen Zwecken zuführt, die nicht die ihren sind. Der Todeskitsch, der jetzt von allen Leinwänden flimmert und auf jedem Fernsehschirm ins Haus kommt, bereitet das Publikum auf den nächsten Krieg vor: er überspielt den Widerwillen und macht das Entsetzen gewöhnlich.

Kitsch als soziales Produkt ist Ausbeutung der Seelen zum raschen Umsatz ihrer Energie.

ABRAHAM MOLES

Kitsch als ästhetisches Schicksal der Konsumgesellschaft

»Phantasie und Witz finden mehr ihre
Rechnung, sich mit dem Häßlichen zu
beschäftigen, als mit dem Schönen.
Aus dem Häßlichen läßt sich viel machen,
mit dem Schönen nichts.«
GOETHE

Was ist Kunst? In einem luxuriösen Speisesaal auf dem Buffet
wird Kunst angeboten: eine riesige Gurke ist geschnitzelt und
zwar wie eine Skulptur mit einem See, mit Fischen, Flamingos,
Palmenbäumen und Figuren. Das ist reine Kunst. Nicht Kunst
von außen, sondern der innere Zwang, »etwas mehr« vom Leben
zu haben, als zu essen, mehr als die elementaren Bedürfnisse, etwas Zusätzliches, etwas Notwendiges, also Kunst.
Meine Definition des Kitsches ist dementsprechend: etwas mehr
zu haben, mehr als das, was das bloße Wirtschaftsverhalten erlaubt. Genuß am Leben zu mehren durch ästhetische Befriedigung. Aber Genuß gibt es nur, wenn die inneren Kosten die kognitiven Kosten, die Anstrengung des Geistes, Originalität zu begreifen und zu beherrschen, gesichert sind.
Kitsch ist Kunst ohne Tränen: etwas mehr, aber nicht zu viel.
Kitsch führt Schritt für Schritt zum Schönen. Kitsch ist also
Kunst, reine Kunst, alltägliche Kunst. Geht man vom Standpunkt des Konsumenten aus, sieht es nämlich ganz anders aus als
von dem des Künstlers oder dem des Kunstkritikers, der von der
ganzen Macht einer elitären Oberschicht unterstützt ist, und der
die »schlechte« Kunst beurteilt und sie als Kitsch stigmatisiert.
Kitsch ist in der Massenkonsum-Gesellschaft der echte Kontakt
des Menschen mit der Schönheit geworden. Er ist spontan und

Ophelimität
als Prinzip der künstlerischen Produktion und der ästhetischen Bedürfnisse

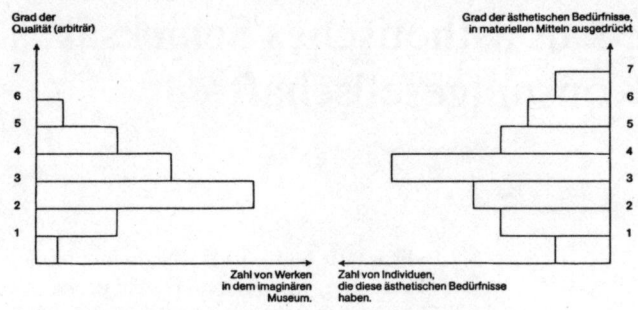

Grad der
Qualität (arbiträr)

Grad der ästhetischen Bedürfnisse,
in materiellen Mitteln ausgedrückt

Zahl von Werken
in dem imaginären
Museum.

Zahl von Individuen,
die diese ästhetischen Bedürfnisse
haben.

Sozio-Kultureller Kreislauf des Kitsches
Zeithorizont: 10-20 Jahre

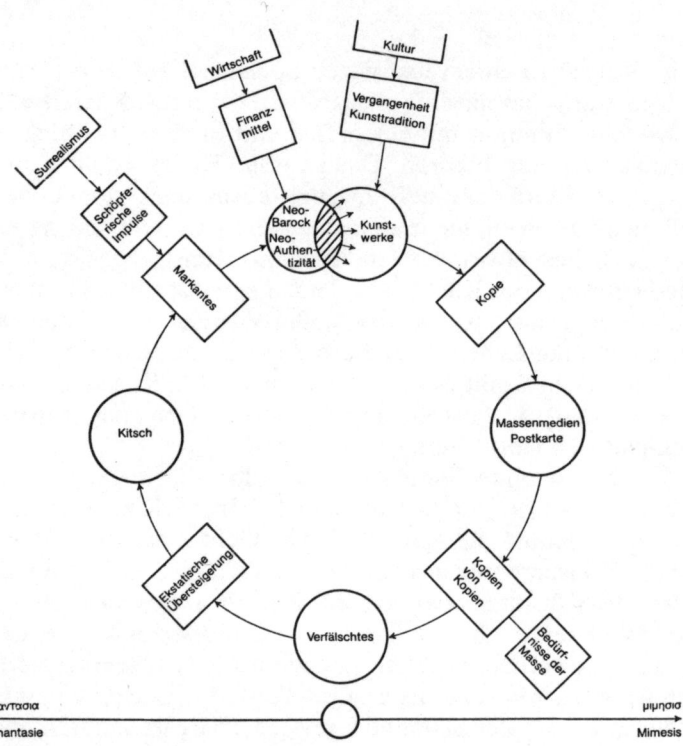

Die Personifika-
tion von Zauber
und Anmut. Die
Göttinnen der
Fruchtbarkeit ste-
hen im Palace of
Living Art, Buena
Park, Kalifor-
nien. Dreidimen-
sional reprodu-
ziert nach einem
Gemälde von
Hyacinthe Rigaud
(1659-1743).

nur gebremst durch den Zwang des »guten Geschmacks«, der von der sozialen Umwelt herkommt.

Daraus ergeben sich sämtliche Folgen:

– Die Echtheit liegt nicht in den Dingen, in den Kunstwerken, in den Stimuli; sie liegt ausschließlich in der Situation, in der Verbindung des Menschen mit der Sache.

– Soviel Leute, so viele Formen des Kitsches.

– Für jedermann seine Kunst, deshalb auch für jedermann seinen Kitsch.

– Eine vielfältige Wirklichkeit des Schönen.

– Der Kunstsoziologe muß, um richtig werten zu können, von dem abstrakten Begriff der »Schönheit« als »kanonischer Wahrheit« weg; wir müssen Kant ermorden.

– Kitsch ist universal in seinen Erscheinungsformen, in den Epochen, den Kulturen; aber er ist massiert durch die Reproduktionsmittel, welche Anpassung und Normalisierung mit minimalen Kosten für eine maximale Anzahl von Empfängern ermöglichen.

– Kitsch ist natürlich Ästhetik, er ist die eigentliche *Volkskunst*: die Pflicht des sozialen Systems, das eine Kunst für das Volk will, wäre, Kitsch zu schützen und zu erzeugen.

Der Erzeuger von Kitsch muß auf die individuelle Situation des Menschen eingehen und den Akzent auf die persönliche Beziehung zwischen Mensch und Umwelt legen. Der spontane Trieb des Individuums, das ein wenig mehr Energie und Reserven hat als das Minimum des durchschnittlichen biologischen Menschen (Berlyne) muß in Anspruch genommen werden. Für den Konsumenten andererseits ist Kunst die programmierte Sensualisierung der Umgebung. So viele Umgebungen, so viele Sensualisierungen, so viele programmierte Arten, so viele Gebiete der Kunst und so viele Formen von Kitsch.

Der Mensch ist in sich selbst sein eigener Künstler. Er sucht instinktiv das Neue in dem Maß, indem dieses seine Fähigkeit, Originalität zu akzeptieren, nicht überschreitet. Der kleine Mann (Eick) als Maßstab der sozialen Kunst, ist der Mann der kleinen Erregung, der Mann, der stufenweise Fortschritte macht. Dieser Mann betätigt sich auf zweierlei Weise: (1) wenn er etwas kann, d. h. wenn er technisch geübt ist und wenn er seine Hand, sein Werkzeug, seine Feder, seinen Pinsel beherrscht, so erschafft er seine Umwelt (Beispiel: die kleinen Gärten von Vororthäusern, z. B. *Facteur Cheval*). (2) wenn er dazu nicht fähig ist, wählt er etwas anderes: er genießt Landschaften, besichtigt Kulturdenkmäler und erlebt so passiv eine sekundäre, stellvertretende schöpferische Kraft. Das Erleben ist eine Art Schöpfung zweiter Kategorie, aber auch ein Weg, für sich die Schönheit der Welt zu entdecken. Dieses menschliche Suchverhalten ist zwar eine spontane, eine innere Bewegung, aber die Zwänge der äußeren sozialen Imperative kommen hinzu: das *Diktat* der Umwelt. Sie sagt dem Menschen, mit ihrer übertriebenen gesellschaftlichen Macht, was er zu lieben oder zu hassen hat, was er respektieren muß und was nicht, was er glauben soll und was er nicht glauben darf. Von daher entsteht der innere Konflikt, der sich in einen sozialen Konflikt der »Verkitschung« wandelt. Die Universalität des Kitsches tritt in jeder Art von Empfindung hervor, in jeder Zeichenrelation: Klang, Bild, Formen, Verhalten, Musik, Text, usw. Der Kitsch überschwemmt alles.

Insofern es einen Bereich von Freiheit gibt, einen Grad von Selbstbestimmung zwischen (1) der rationalen Funktionalität und (2) der Fähigkeit zu realisieren, wird in ihm der ästhetische Trieb des Menschen tätig. Das ist reine Spontaneität, wie sie der Gefangene in seinem Kerker ausübt, wenn er am Stiel seines Holzlöffels schnitzt. Der Kitsch ist die Unverhältnismäßigkeit zwischen den sozialen Imperativen von Schönheit, die durch die Kultur ins menschliche Gehirn eingeprägt wurden, und den subjektiven, inneren spontanen Trieben, die aus jeder Situation Lust zu gewinnen suchen. Kitsch erscheint somit als ein Spiegel der Entfremdung der Gesellschaft vom menschlichen Geist, und nicht umgekehrt. Deshalb ist die Existenz des Kitsches ein rein soziales Phänomen der Divergenz zwischen humaner Aspiration und sozialem Respekt. Respekt und Liebe sind zwei ganz verschiedene Dinge, und Kunst hat viel mit Liebe zu tun und wenig mit Respekt. Kitsch erscheint eigentlich als ein Maßstab der Entfremdung der *Gesellschaft* in ihrem Verhältnis zum Menschen und nicht umgekehrt. Der Kitsch ist das grundlegende ästhetische System der Gesellschaft. Er steht in einem *antagonistischen Verhältnis* zum Konzept eines künstlerischen Schaffens, das auf dem Grundsatz beruht: unbefriedigt bleibt, was einer unsicheren »Nur-Möglichkeit« dient. Kitsch ist geradezu ein Wesenszug der Konsum- und Leistungsgesellschaft. Mit »Kitsch« wird heute hauptsächlich eine negative Qualität (Kitsch ist immer die Eigenschaft von etwas) und eine Abwertung ausgedrückt, er bildet in der Tat *die heutige Ausprägung der Volkskunst* bzw. der Popularisierung der Kunst. Jenseits der bürgerlichen Wertmaßstäbe – Mediokrität, Chaos, Nostalgie, Anti-Kunst ohne strapaziöse Transzendenz – stellt er die Kunst der Massengesellschaft dar als Gegensatz zu einem ganzen Komplex von elitären Phänomenen, zu denen die Mehrheit aus Mangel an Freiheit, an Muße, an tatsächlicher Bereitschaft zur Anstrengung und an geistiger Kultiviertheit keinen Zugang hat.

Im Zeitalter des Handwerks gab es keine große Spaltung zwischen dem Menschen und seiner dörflichen oder städtischen Umwelt. Konformität war noch ein normaler und mehr oder weniger akzeptierter Lebensstil. Sie war kein Problem in sich: Abweichler wurden als Schamanen betrachtet. In der heutigen Konsumgesellschaft mit ihren industriellen Produkten und ihren Massen-Medien gibt es die Tyrannei des »guten Geschmacks«. Sie wird verstärkt durch »guided tours«, Reiseführer, Magazine wie *Schöner Wohnen*, die Kunstkritiker usw. Niemand kann sich vor solchem gesellschaftlichen Diktat schützen. Das gesamte Phänomen Kitsch, das von der Sentimentalität der Boulevardstücke bis zum Abendmahl von Leonardo da Vinci auf dem Wohnzimmerteppich reicht, entspricht einem *Grundprinzip der Leistungsgesellschaft:* man gelangt zum Wahren über den Weg des Verfälschten, da das Verfälschte nur ein Stadium des Wahren ist. Solange der gesellschaftliche Rahmen als solcher unverändert bleibt, muß das Kitsch-System als die *eigentliche demokratische Kunst* behandelt werden, die de facto fünfundneunzig Prozent des gesamten ästhetischen Wirkens in der Gesellschaft ausmacht, während die restlichen fünf Prozent auf die Avantgarde, das Künstlerghetto, das System der Galerien und einen ganzen Komplex von elitären Phänomenen entfallen, die den Interessen und Vorstellungen der Menschen der Überflußgesellschaft fremd gegenüberstehen.

Weil man in sozialer Umwelt lebt, ist man gezwungen, an den guten Geschmack zu glauben. Guter Geschmack – und in der Konsequenz »schlechter Geschmack« – ist dialektisch, ein Vektor, der jedes ästhetische Urteil beeinflußt und verzerrt. Der Weg zur Freiheit geht durch den Kampf gegen »guten« und gleichzeitig »schlechten« Geschmack, weil beide Geschmacksvorschriften das Verhältnis zu Produkten und menschliche Aktivitäten überhaupt beeinflußen. Sie geben ihnen eine andere Nuance als diejenige, die unser eigenes Sensorium unbeeinflußt erzeugen würde.

Der Philosoph sagt, guter und schlechter Geschmack sind nur Hervorbringungen der menschlichen Situation bestimmt von Zeit und Raum. Diese Kategorisierung ist falsch, aber sie ist voller Macht. Die *authentische Kategorie* ist die Trennung zwischen Leuten, die Geschmack haben und denjenigen, die keinen Geschmack haben, die indifferent und gleichgültig sind. Gerade sie sind geneigt, die Wertvorstellungen und die Geschmacksurteile anderer zu akzeptieren, z.B. die der Priester des offiziellen Schönen.

Nietzsche hat von dem Kampf zwischen Herren und Herden gesprochen. Menschen, die irgendeinen Geschmack haben, sei er gut oder schlecht, sind keine Herden. Sie sind Herren, vielleicht scheue Herren, aber jedenfalls keine Herden. Ein Zuckerbäk-ker, der für eine Hochzeit seine komplizierte Torte herstellt, ist ein König der Schöpfung. Er ist ein wahrer Künstler, denn er *kann* gestalten, folgt er wahrscheinlich nicht Modellen, die von anderen kommen. Die eigentliche Verkitschung ist sozial. Sie ist die Massenkopie dieser Torte mit Hilfe einer Maschine, die diese Torte einem Zielpublikum anpaßt. In jedem individuellen Konsumenten aber kann Liebe zur Form erzeugt werden und hierin besteht die *Transfiguration des Kitsches.*

Zehn Thesen über Kitsch

1. Der Geschäftsmann zu seinem Kunden:»Es gibt natürlich etwas besseres, aber es ist teurer.« Der Kitschschöpfer zum Bürger: »Es gibt ja billigeres, aber natürlich ist es nicht so schön – macht nichts, es sieht trotzdem ganz gut aus.« Das ist Kitsch.
2. Das Verfahren der Kopie ist das unvermeidbare Schicksal jedes Kunstwerks.
3. Meisterwerke sind konsumierbar. Sie nutzen sich ab unter dem Blick des Betrachters, sie vermehren sich durch touristische Hinweise, verstärkt durch Kodaks Macht.
4. Konzeptuell ist Kitsch ein Adjektiv, nicht ein Subjektiv. Kitsch ist nicht eine Sache, sondern eine Haltung gegenüber der Sache, eine Qualifizierung der Sache. Kitsch ist nicht eine Art von Kunst, sondern eine Art, Kunst einzuschätzen.
5. Der kleine Mann ist der Maßstab aller Dinge.
6. Kitsch ist Anti-Kunst, er verhält sich zu Kunst wie Materie zu Anti-Materie.
7. Jede Kunst enthält einen Tropfen Kitsch (Broch), aber in jedem Kitschwerk ist auch ein Tropfen Kunst.
8. Der schlechte Geschmack ist der sicherste Weg zum guten Geschmack, weil er korrigierbar ist, genau so wie das Wahre eine ewige Korrektur des Falschen ist.
9. Nach Apollos Tod wurde er im Kaufhauskonsum begraben und im Nationalmuseum geehrt. Kitsch ist das Testament Apollos.
10. Kitsch ist der künstlerische Aspekt eines Totalitarismus ohne Gewalt.

PHILIPP WAMBOLT

Sehen lernen oder Bildmeditation als Zugang zum sozialen Selbst

I

Im Ruhrgebiet hat mich die Einladung erreicht zu einem Internationalen Seminar mit dem Thema »Kitsch als soziales Produkt«; zugleich, so hieß es, finde eine Ausstellung statt: »Wallfahrt und Volkskunst«. Mit der Praxis und Ausbildung von Sozialpädagogen für das Ruhrgebiet befaßt, lag mir ein praktischer Zugang zum Thema nahe. Deshalb lud ich außerhalb der Seminarsitzungen Interessierte zu einer Arbeitsgemeinschaft in die Ausstellung ein.
Zunächst klingt im Industriegebiet der Seminartitel doppeldeutig. Das »Ruhrbarock«, die geschweiften Möbel im Haus vieler Bergleute und Stahlarbeiter, wird seit Jahren als Beispiel von Kitsch genannt. Dahinter steckt der diktatorisch gute Geschmack der »Gebildeten«, die dem Ruhrgebiet nicht nur das Platt verächtlich machten. Die Verdrängung des Ruhrplatts bzw. -slangs verunsichert hier viele Menschen und stört ihr Selbstbewußtsein – »man muß doch Hochdeutsch fehlerlos sprechen, um jemand zu sein und voran zu kommen«, sagen schier alle Erwachsenen. Kaum ein Student kann noch Plattdeutsch oder Ruhrpottslang sprechen – aber sie wollen mit den jugendlichen Arbeitslosen, die nur Volksschule haben, und mit den Knackis (Strafgefangenen) intensive Kommunikation.
Ähnlich geht es mit dem Kitsch. Viele zweifeln, hier einen »guten« Geschmack zu haben und sind doch empfindlich getroffen, wenn ihnen dieser Mangel vorgeworfen wird. Kaum jemand nimmt wahr, wie die Möbel in der Arbeitersiedlung zur kulturellen Identität gehören, wie sehr die scheinbar viel zu großen Sessel

ZEIT ARBEIT GELD

Mann sein – Mann bleiben

МИР ТРУД МАЙ

e nich Men

Welcome to our world

und die Bilder vom röhrenden Hirsch Protest sind gegen Enge und Fabrikgelände. Nur wenige reden Ruhrslang, obwohl sie Hochdeutsch beherrschen, als lautwerdender Protest gegen die Fremden, die in den Chefetagen arbeiten und in den Villenvierteln ihre häusliche Kultur des guten Geschmacks pflegen. Hier ist nicht der Ort, die diesbezüglichen Diskussionen zu reflektieren. Ich zeige nur meinen gegenwärtigen Hintergrund an, sowohl für das Seminar wie für die Arbeitsgemeinschaft. Zehn Jahre Ruhrgebiet, vorher drei Jahre südamerikanische Kultur in Chile lassen mich nicht unvorbereitet auf das Thema zugehen.

II

Die »Arbeitsgemeinschaft« in der Ausstellung muß selbstverständlich sein. Was wollen wir anschauen? Wohin setzen wir uns? Wir schweigen und betrachten Bilder, bis wir uns auf eines einigen, das unsere Blicke am meisten anzieht. Die ersten Worte nach langem Stillsein sind Versuche, Eindrücke mitzuteilen, ins Gespräch zu kommen. Schauen bis zu einer gewissen Sättigung der Augen und des Gefühls – die Worte setzen die Blicke neu in Bewegung. Langsam kommen Äußerungen, zuerst mehr solche des Gefühls, dann Vergleiche. Stückweise werden Unterschiede der Wahrnehmung der einzelnen Betrachter deutlich, Unterschiede auch zwischen dem, was dem einen nah bzw. fern ist, was den anderen in den Bann nimmt. Den meisten ist es eine Überraschung, daß sie selber so viel sehen. Überraschung auch, wie sicher sie ihrer eigenen Wahrnehmung sind. Zunehmend gelingt es jedem, den anderen das durch Sprache mitzuteilen.

III

Später kommen Fragen, wie man selbst ein solches Bild machen würde. Die Konsumfassaden unserer Städte, die mit Einkaufszentren und Hochhäusern in die City hereinwachsenden und damit zerstörten Dörfer, die raschen Bildabfolgen in TV-Filmen, Überfütterung durch unverdaulichen Schnellkonsum in Radio,

41

Boulevardzeitungen, Überforderung durch zu hetzigen Wechsel der Bilder in der Werbung, Versuche, sich in eine eigene Ecke zu flüchten (Stadtteilkneipe, -zeitung, Bierrunde, Fußballpokale etc.) – dies alles verwirrt den Blick und auch den Zugang zu den Bildern früherer Zeiten. Das Unterscheidungsvermögen ist gestört. Wir trauen den Bildern nicht, allenfalls den Spiegelbildern. Unsere Zeit macht Collagen, setzt alles gleichwertig nebeneinander. Das entspricht der Gewohnheit, sich vordergründig vom Konsum ansprechen zu lassen, gibt aber auch die Möglichkeit, sich mit anderen zu vergleichen. (s. Abb. S. 40)

IV

Die Bilder, an denen wir arbeiten in unserem Werkstattgespräch, gehören zum größten Teil früheren Zeiten an. Die Betrachtung läßt von Anfang an die sich aufdrängenden Schlagworte »Wunder« und »Wallfahrt« im Hintergrund. Doch tritt der Unterschied zwischen dem, um was die Bauern damals bitten und was uns heute trifft, deutlich zutage. Unsere Bilder sind anders. Merkwürdigerweise bleiben wir alle an der Darstellung des Himmels hängen. Hier, bei den Votivtafeln der Ausstellung »Wallfahrt und Volkskunst«, erstrahlt der Himmel im Glanz der »Muttergottes«, die als Trösterin und Retterin auf die Bittenden in ihrem Unglück herabschaut. Sie – oder ein anderer Heiliger, der um Hilfe angerufen wird – beherrscht die Szene. Wie würden wir heute den Himmel malen? Würden wir ihn statt mit Heiligen mit Arztauto, Telefon und Feuerwehr bevölkern? Oder lassen wir ihn leer?
Die Bewegungen des Himmels und das Erlebnis unserer eigenen Not in der Beziehung zu uns selbst und zu den anderen, besonders zu den Näherstehenden, und die Angst angesichts möglicher Katastrophen unvorstellbaren Ausmaßes, werden zu Kernstücken aller Gespräche diesen Seminars: Niedergedrückt, hoffnungslos, verzweifelt, ausweglos – das Gefühl, daß sich der Himmel nicht öffnet. Dagegen Entwürfe unserer Gegenwart: Mut, Vertrauen in sich selbst, Zutrauen zu anderen. Wie sieht unser Himmel aus?

V

Jeder wird hier vor Augen haben, daß in den letzten Jahrhunderten Wissen und Wahrnehmung von »seelischen« Leiden größer und differenzierter, auch feinfühliger geworden sind. Es gibt viel mehr Einrichtungen und Fachleute dafür. Auch die heutigen Wallfahrten sind von der Problematik »geistig-seelischer« Erneuerung, wie die moderne Psychologie sie sieht, bestimmt. Zugleich hat sich die Beweglichkeit der Gesellschaft verändert (Urlaub, Ortswechsel wegen Arbeit, Wohnung, Ausbildung, Wochenendunternehmungen und Veranstaltungen, zunehmende Reisegeschwindigkeit, Termindruck). Auch Wallfahrten werden organisiert, wie die ganze Gesellschaft organisiert ist. Büros verwalten, Werbung animiert, im Briefkasten findet sich der Reiseplan, der in früheren Zeiten das eigentliche Ergebnis des Unterwegsseins war. Heutige Votivtafeln *können nur Abbild des gesellschaftlichen Kitsches* sein, in dem wir leben: schnell gefertigt, in risikoloser organisierter Wallfahrt transportiert, Essen und Trinken inbegriffen, auch die Reiseversicherung. Wenige Tage später stehen wir wieder am Arbeitsplatz, wie nach dem Urlaub, dem dreizehnten Monatsgehalt entgegen.

Kitsch als soziale Gewalt wird beim Thema Tourismus und Wallfahrt besonders deutlich. Individuelle Bestimmung, Motivation und Organisation legen auch die Erlebnisstruktur bloß, die von den äußeren Zwängen bestimmt ist.

VI

Die Bildmeditation gedieh zum Nachdenken über das Unterwegssein – nicht nur auf Wallfahrt. Unterwegssein zu sich selbst in organisierter und verwalteter Gegenwart, in der eigene Reflexion und Entscheidung bis auf einen kleinen Rest abgenommen wird, bedeutet *Gegen*struktur, eine andere soziale Wirklichkeit als die verkitschte der Massengesellschaft.

Selber einen Himmel malen, in dem die eigenen Ängste und Hoffnungen erkennbar sind, ist nur der metaphorische Ausdruck für Offenheit sich selbst und anderen gegenüber. Unsere Wallfahrtsbilder werden wir, ohnmächtig und ständiger symbolischer Gewalt ausgesetzt, entwerfen müssen, dem Kitsch zum Trotz.

Am Ende des Seminars eine Stimme: »Beim Hineingehen in die Ausstellung und zu Beginn des Werkstattgesprächs wußte ich nicht, wieso mit einem alten Schuh zur Betrachtung der Bilder eingeladen wurde. Jetzt gehe ich hinaus mit dem Gefühl, weite Strecken gelaufen zu sein. Mein eigener Schuh wird mich tragen durch das Geröll der über uns hereinstürzenden Vergewaltigung. Der Schuh drückt nicht mehr so...«

Statt Anmerkungen:
Es kann hier nicht um Kunstdidaktik gehen, sondern um die Nöte unserer Zeit und Gesellschaften und um Momente des Lichts und der Rettung. Wahrnehmen und Handeln, Theorie und Praxis sollten getrennt bleiben, auf die Situation der Subjekte bezogen. Der Prozeß wird von Eigenmotivation getragen; im Prozeß behalten die verschiedenen Medien ihre Verbundenheit. Dies ist auch der Inhalt der Forderung, Bücher und Veranstaltungen abzulehnen, in denen Bilder als Illustration des Textes und Texte als Kommentare zu Bildern auseinandergerissen werden.

Im Gegensatz zur gesellschaftlichen Gewalt, die von außen Einheit, Integration erzwingt, steht die Bemühung um die in der Aisthesis (Wahrnehmung; engl. sensation) gründenden Sozialisation, mißverständlich abgekürzt auf »ästhetisch«. Hierzu habe ich lange gearbeitet mit Frau Irmgard Zepf. Vgl.:

Irmgard Zepf, Notizen zum Verhältnis von Kunstdidaktik und ästhetischer Sozialisation, in: Harald Petri (Hrsg.), *Die seelischen Nöte unserer Zeit,* Verlag N. Brockmeyer, Viersen 1984 (Praktische Psychologie, Bd. VIII).

dies., Über die visuelle Sprache der Jugendlichen, in: Ingrid Peinhardt, Ute Sparschuh u.a. (Hrsg.), *Einblicke – Jugendkultur in Beispielen,* Nomos Verlagsgesellschaft, Baden-Baden 1983.

Zur Entfremdung im Ruhrgebiet vgl.:

Dortmunder Lyrikkalender, hrsg. vom Dortmunder Kulturrat, Sektion Literatur, 1984.

Schon vor 17 Jahren schien mir eine zutreffende Beschreibung von Gruppenarbeit:

Tobias Brocher, *Gruppendynamik und Erwachsenenbildung. Zum Problem der Entwicklung von Konformismus oder Autonomie in Arbeitsgruppen.* Georg Westermann Verlag, Köln 1967.

Der Faden beginnt so bei einem allen Teilnehmern selbstverständlichen, innenmotivierten Interesse; es kommt dann zu dem Gefühl, selbst in der Wahrnehmung sicher zu sein, dann zu einem tastenden Handeln (hier: Selberzeichnen), zum Mut, selbst zu können, was man sich vorher nicht zugetraut hat.

Wie dies weitergehen und weiterführen kann, wird deutlich bei:

Frida Kahlo; Raquel Tibol (Hrsg.), *Frida Kahlo. Über ihr Leben und ihr Werk nebst Aufzeichnungen und Briefen.* Mit 82 Abbildungen. Verlag Neue Kritik, Frankfurt/M. 1980.

Judy Chicago, *Durch die Blume. Meine Kämpfe als Künstlerin.* Rowohlt Verlag, Reinbek 1984.

Beide Frauen setzten sich in ihren Arbeiten mit ihrer Depression auseinander, und zwar ohne Trennung der sozialen und der individuellen Dimension. Vereinzelung, Entmutigung, Löcher in der Wahrnehmung treffen heute die Menschen wie die Tierseuchen in der Vergangenheit.

Dabei bleibt die Frage, ob der Himmel sich verschließt oder ob die eigenen Augen blind sind. Ob es die Seele heute mehr trifft? Somatisierung seelischen Leidens, Mängel in der Entfaltung der Sinne? Hier wäre das Thema fortzusetzen, sei es in der Richtung der Arbeiten von Horst Eberhard Richter, sei es mehr hin zu:

Hugo Kükelhaus, Rudolf zur Lippe, *Entfaltung der Sinne. Ein »Erfahrungsfeld« zur Bewegung und Besinnung.* Fischer Taschenbuch-Verlag, Frankfurt/M. 1982.

Ist in unserer Arbeit »Religion« bzw. »Religionsverlust« genügend ernstgenommen? Wie zufällig nenne ich vier verschiedene, klar religiöse Titel. Wie sind sie zueinander? Langes Schweigen fordern sie, sparsames Reden – wie manche Collagen:

Karl Forster (Hrsg.), *Religiös ohne Kirche? Eine Herausforderung für Glauben und Kirche.* Topos Taschenbücher 1977.

Helmut Gollwitzer, *Was ist Religion? Fragen zwischen Theologie, Soziologie und Pädagogik.* R. Piper Verlag München 1980.

Der religiöse Indifferentismus, in: *Concilium,* Internationale Zeitschrift für Theologie, 19. Jg., Mai 1983, H.5.

Junge Kunst in Österreich, in: *Kunst und Kirche,* Heft 4, 1984.

Zum Weiterdenken regen an:

Tilman Moser, *Selbstvergiftung,* Suhrkamp, Frankfurt/M. 1976.

J.F. Fix, Le Christianisme en banque des accusés. *Etudes III,* 358, April 1983, S. 538-548.

Angelika Böhm, *Seelenlandschaften* (Bilder und Texte), Dortmund 1983 (unveröffentlichtes Manuskript).

VILÉM FLUSSER

Gespräch, Gerede, Kitsch

Zum Problem des unvollkommenen Informationskonsums

Das Internationale Kornhausseminar stellt die Frage nach dem Kitsch. Ich werde in diesem Beitrag zu zeigen versuchen, daß es um eine Teilfrage geht, welche nur im Kontext der Gesamtfrage nach dem Übergang aus der industriellen in die sogenannte Informationsgesellschaft richtig gestellt ist. Das heißt: ich werde den Kitsch als eines unter den Phänomenen dieses Übergangs ansehen. Nämlich als ein Phänomen der Umweltverschmutzung. So gesehen, wird der Kitsch zeigen, daß die hergebrachten wissenschaftlichen, politischen, ethischen und ästhetischen Kategorien ihn nicht fassen. Wir werden vom Kitsch (und von anderen Übergangsphänomenen) zur Ausarbeitung adäquater Kategorien aufgefordert. Ich werde in diesem Beitrag versuchen, die Umrisse solcher neuer Kategorien anzudeuten. Das heißt, ich werde zu zeigen versuchen, wie das hergebrachte Denken an der Gegenwart Schiffbruch erleidet, und wie wir gezwungen sind, den Sprung in ein »informatisches«, »nachgeschichtliches« Denken zu wagen.

Ein hergebrachtes, »historizistisches« Kulturmodell

Ein solches Modell ist ein lineares, das sich auf eine spezifische Anthropologie stützt. Der »Mensch« ist darin ein Lebewesen, das sich von den übrigen durch die Tatsache unterscheidet, daß er nicht nur ererbte, sondern auch erworbene Informationen weitergibt und speichert. Das Weitergeben solcher Informationen heißt »menschliche Kommunikation«, der Speicher für diese Informationen heißt »Kultur«, und der Prozeß des Weitergebens und Speicherns heißt »Geschichte«. Das Modell sieht daher so aus:

Geballter Neo-Funktionalismus. Kitsch in der Architektur.

Kreislaufstörung im Kulturprozeß – »Wir verlängern«.

Gegenstände werden, einer nach dem anderen, aus ihrem natürlichen Zustand gerissen, um in Form gebracht, (»informiert«) zu werden. Dieses Herausreißen heißt »Herstellen« (dorthin stellen, wo der Mensch steht). Und das Umformen heißt »Erzeugen«. Die derart hergestellten und erzeugten Gegenstände heißen »Kulturobjekte«. Zum Beispiel: Eine Kuhhaut wird aus ihrem natürlichen Zustand gerissen, es wird ihr eine für Kuhhäute unwahrscheinliche Form, (eine »Information«), aufgedrückt, und der derart hergestellte und erzeugte Schuh ist ein Kulturobjekt. Die Kulturobjekte werden, eines nach dem anderen, im Speicher »Kultur« gelagert. Es geht um einen kumulativen Vorgang: die Kultur wird immer größer. Asymptotisch wird dabei die gesamte Natur in Kultur verwandelt. In dem Maße, in dem der Mensch die Natur in Kultur verwandelt, verwandelt er sich selber. Je mehr er seinen Zustand informiert, humanisiert, desto weniger ist er von sich entfremdet. Daher ist dieser informierende, historische Vorgang zugleich ein Humanisieren der Natur und ein Naturalisieren des Menschen. Der Mensch ist ein historisches Wesen.

An dem eben skizzierten Modell sind unschwer viele (vielleicht überhaupt alle), modernen Ideologien wiederzuerkennen. Zum Beispiel der Glaube an die Wissenschaft und die daraus folgende Technik. Oder eine ganze Reihe von fortschrittlichen politischen Engagements, vom marxistischen bis zum liberalen. Oder die Schöpfungsmoral und die positive Wertung der Arbeit. Kurz all das, was mit dem Wort »Humanismus« gemeint ist. Es ist darum unangenehm, feststellen zu müssen, daß es nicht mehr tunlich ist, dieses Modell aufrechterhalten zu wollen.

Zusammenbruch des linearen Kulturmodells

Die dieses Modell stützende Anthropologie ist ins Wanken geraten, weil die neueren Erkenntnisse der Neurophysiologie und der Psychologie eine klare Unterscheidung zwischen ererbten und erworbenen Informationen nicht mehr erlauben. Die hardware »Gehirn« und die software »Daten« verzahnen sich, sodaß man bei der Datenverarbeitung (bei den »mentalen Prozessen«) nicht mehr klar angeben kann, was daran genetisch und was kulturell ist. Wir müssen also eine neue und weniger elegante Anthropologie ausarbeiten.

Der kumulative Charakter des Modells (der Kulturspeicher wird immer größer) widerspricht dem Zweiten Hauptsatz der Thermodynamik. Danach neigen alle Systeme (in letzter Analyse auch die sogenannten »offenen«) dazu, sich in Entropie aufzulösen. Alle Informationen, seien sie zufällig entstanden (wie in der Natur) oder absichtlich erzeugt worden (wie in der Kultur), müssen letzten Endes zerfallen. Alle unwahrscheinlichen Situationen (Informationen) neigen dazu, immer wahrscheinlicher zu werden (sich zu des-informieren). Nicht nur jeder einzelne Mensch, auch die ganze Menschheit, und die ganze Biosphäre, müssen letzten Endes zerfallen, ebenso wie die Erde, das Sonnensystem, die Galaxie, der Kosmos. Und nicht nur jedes einzelne menschliche Werk (jeder Schuh, jedes Blatt Papier, jede Stadt), sondern alle Kulturen überhaupt müssen zerfallen. Wahrscheinlich ist eine ganze Reihe uns vorangegangener Kulturen spurlos aus unserem Blickfeld verschwunden.

Aber die im Kulturspeicher gelagerten Kulturobjekte zerfallen nicht nur in Analogie zur oben erwähnten Entropie, sondern auch, weil Menschen sie konsumieren. Nicht nur zerfällt die in einer Statue eingegrabene Information, weil die Bronze oxydiert, sondern auch die in einem Schuh eingegrabene Information zerfällt, weil der Schuh ausgetreten wurde. Diese Auflösung der Information im Kulturobjekt ist ein gradueller Vorgang. Bevor sich die Kulturgegenstände völlig des-informieren (in die Natur zurückkehren), bilden sie eine Durchgangsregion von halb-desinformierten Gegenständen zwischen Kultur und Natur, den *Abfall*. Gegenwärtig beginnt er, sich anzuhäufen. Dadurch wird die Durchgangsregion existenziell immer interessanter. Mindestens ebenso interessant wie die Kultur selbst. Und dieses Interesse für die Umweltverschmutzung stellt selbstredend das lineare Kulturmodell existenziell in Frage.

Das lineare Kulturmodell ist weder anthropologisch, noch theoretisch, noch auch praktisch aufrechtzuerhalten. Es verschweigt den Informationszerfall, das Vergessen, den Tod, kurz das Absurde des Menschseins. Gibt man jedoch das Modell auf, dann hat man den Boden des Humanismus verlassen, und es öffnet sich ein Abgrund unter den Füßen. Man läuft Gefahr, in mittelalterliche und noch ältere mythisch-magische Zyklen zu stürzen. Wir können einen solchen Sturz aus dem Glauben an den linearen Fortschritt in magisch-mythische Ideologien und Idolatrien überall konstatieren, nicht zuletzt vor Fernsehschirmen. Aber es öffnet sich auch eine Möglichkeit, in eine neue Bewußtseinsebene emporzutauchen. Man kann sie vor allem in den Wissenschaften bereits erkennen, aber sie ist größtenteils noch Neuland. Dorthin werde ich ein alternatives Kulturmodell projizieren.

Ein epizyklisches, »post-historisches« Kulturmodell

Mein Modell stützt sich auf eine Anthropologie, die wir erst in groben Umrissen erkennen. Der »Mensch« ist darin ein gegen den Informationszerfall, gegen das Vergessen, gegen den Tod engagiertes Wesen, und dabei zugleich eines, das dem Vergessenwerden, dem Tod ausgeliefert ist. In seinem vergeblichen Kampf gegen den Tod gräbt er Informationen in Gegenstände, um sie im Kulturspeicher zu lagern. Kultur ist ein Gedächtnis, worin sich der Mensch vor dem Vergessen verbirgt. Aber dieses Gedächtnis wird von der linearen Tendenz zur Entropie wieder aufgesogen. Wenn also der Mensch nicht verhindern kann, daß die Kultur in die Natur zurückkehrt, so ist er doch bemüht, diesen Rückfall aus dem Unwahrscheinlichen der Kultur ins Wahrscheinliche der Natur zu verzögern. Er ist bemüht, das Vergessen, den Tod, zu verzögern. Das auf einer solchen Anthropologie beruhende Modell der Kultur sieht etwa folgendermaßen aus: Gegenstände werden, einer nach dem anderen, aus ihrem natürlichen Zustand gerissen, hergestellt, dorthin gestellt, wo der Mensch steht. Sie sollen Folien für künftig in sie einzuprägende Informationen bilden. Sie sind »Halbfabrikate«. Zum Beispiel: Kuhleder als Unterlage für Schuh-Informationen, der Mond als Folie für Raketen der NASA. Auf diese Folien, diese Halbfabrikate (nicht mehr »Natur« und noch nicht Kultur), prägt dann der Mensch unwahrscheinliche (Situationen) Informationen, um die derart erzeugten Kulturobjekte im Gedächtnis »Kultur« zu speichern. Dann wird die in sie eingegrabene Information, sei es durch Konsum, sei es durch Entropie, verwischt. Diese halbdesinformierten Objekte gleiten aus der »Kultur« in den »Abfall« (nicht mehr Kultur und noch nicht Natur) und weiter, nach völliger Desinformation durch Entropie, in die »Natur« zurück. Das Modell ist demnach ein auf der linearen Tendenz der Natur zur Entropie sitzender Epizyklus.

Dieser Epizyklus »Natur – Halbfabrikat – Kultur – Abfall – Natur« ist jedoch zum Teil regulierbar. Seine Zirkulation ist teilweise lenkbar (kybernetisierbar). Man kann zum Beispiel die Phase »Halbfabrikat – Kultur« bremsen, oder die Phase »Abfall – Natur« beschleunigen, und man kann Phasen umdrehen (rezyklieren). Eine These dieses Beitrags ist, daß *der Kitsch als ein recycling des Abfalls zurück in die Kultur anzusehen ist.* Der Mensch will die Zirkulation im Epizyklus so regulieren, daß sich die Informationen so lange wie möglich im Gedächtnis »Kultur« häufen. Hier kommt eine neue Zeiterfahrung ins Spiel, ein neues Zeiterlebnis, ein neuer Zeitbegriff. Wir sind nicht mehr von der linearen, historischen Zeit, die aus der Vergangenheit in die Zukunft strömt, mitgerissen. Wir stehen, auch wenn das problematisch scheint, über der Zeit, und wir können sie regulieren. Zum Beispiel können wir, wie beim Kitsch, Vergangenes vergegenwärtigen oder sogar, wie bei Futurationen, Vergangenes in die Zukunft projizieren. Das ist der Grund, weshalb ich vorschlage, dieses Modell ein »post-historisches« zu nennen.

Anwendungen dieses Modells

Wendet man es in der gegenwärtigen Lage an, dann stellt sie sich etwa folgendermaßen dar: »Natur« ist gegen den Horizont gerückt und kaum mehr zu erkennen. Das meiste von dem, was wir »Natur« nennen, erweist sich als »Halbfabrikat«. (Zum Beispiel Wälder, Flüsse und Berge sind durch Forstwirtschaft, Regulierung, Straßenbau hergestellte Unterlagen für künftige Information.) Die Industrierevolution hat das Informieren dieser Halbfabrikate beschleunigt. Hingegen ist nichts geschehen, um den Speicher »Kultur« dieser Beschleunigung der Informationszufuhr angemessen auszubauen. Daher kann die Kultur den Schwall von Kulturobjekten nicht lagern, und sie gleiten schon nach nur partiellem Konsum in den Abfall. Dieser beschleunigte Durchgang der Kulturobjekte aus den Halbfabrikaten durch die Kultur in den Abfall nennt man »Fortschritt«.
Der Überfluß der Kultur in den Abfall führt zum Stau. Ein zusätzlicher Grund für diesen Stau ist die Tatsache, daß immer dauerhaftere Unterlagen für Informationen hergestellt werden (zum Beispiel Plastik statt Leder), um die Wirkung der Entropie zu

verzögern. Dadurch verzögert sich der Abfluß aus dem Abfall zurück zur Natur, und der Abfluß beginnt, die Szene zu überfluten (Umweltverschmutzung). Er sickert zurück in die bereits überfüllte Kultur (zum Beispiel in Form von Kitsch), und dieses Gemenge aus Kultur und Abfall, in dem wir gegenwärtig leben, ist, was »Massenkultur« genannt wird. Derart auf unsere Lage angewandt, zeigt das Modell, daß wir an Zirkulationsstörungen leiden. Es zeigt aber auch die Methoden an, mit denen diese Störungen zu beheben wären. Wir können erstens das Informieren von Halbfabrikaten bremsen, um den Kulturspeicher nicht zu überlasten. Ein weiteres Motiv für eine solche Bremsung wäre, daß die Halbfabrikate sich als nicht unerschöpflich erweisen (Erschöpfung der Rohstoffe und der Energiequellen). Diese Methode heißt »Wirtschaftskrise«. Zweitens können wir die Lagerfähigkeit der Kultur ausbauen, indem wir zum Beispiel künstliche Gedächtnisse in sie einbauen. Diese Methode heißt »Informatik«. Drittens können wir den Abfluß des Abfalls in die Natur zurück beschleunigen. Diese Methode heißt »Ökologie« und ist in Deutschland durch die Bewegung der »Grünen« vertreten. Schließlich können wir das Zurückverwandeln des Abfalls in die Kultur regulieren. Diese Methode heißt »Kitsch«; und sie ist das Thema dieses Beitrags. Die Kombination dieser vier Methoden kennzeichnet die gegenwärtige kulturelle Stimmung: sie ist unser »Stil«, oder das, was einst »Zeitgeist« genannt wurde.

Erkenntnistheoretische Folgen dieses Modells

Für das historizistische Kulturmodell gab es zwei Forschungsbereiche: das der Natur- und das der Kulturwissenschaften. Im epizyklischen Kulturmodell kommen zwei neue Bereiche hinzu: das der *Halbfabrikats-* und das der *Abfall*wissenschaften. Da die Natur immer mehr gegen den Horizont des Interesses zurücktritt und dort beginnt, sich in nichts aufzulösen – siehe das Naturbild der Nuklearphysik und Astronomie – und da die Kultur sich immer schneller in Abfall auflöst – siehe die Kurzlebigkeit aller Moden und Modelle, zum Beispiel in der Wissenschaft, der Politik und der Kunst –, werden die Halbfabrikats- und Abfallwissenschaften das· epistemologische Interesse immer mehr auf sich konzentrieren. Unter den Halbfabrikatswissenschaften, diesen Disziplinen zur Erforschung der Unterlagen für Informationen, sind vor allem Informatik, Kybernetik und Genetik zu nennen. Die Abfallwissenschaften, diese Disziplinen zur Erforschung von im Vergessen begriffenen Informationen, sind zum Beispiel die Psychoanalyse, die Etymologie, die Archäologie, die Paläontologie usw. Wir haben von diesen Disziplinen nicht nur neue Erkenntnisse, sondern auch Techniken zu erwarten.

Politisch-ethische und ästhetische Folgen dieses Modells

Die vier Gebiete des epizyklischen Modells (Natur, Halbfabrikat, Kultur, Abfall) können gewertet werden. Natur als wertfrei, Halbfabrikate als verwertbar, Kultur als wertvoll und Abfall als wertlos. Diese Wertungen lassen sich quantifizieren (zum Beispiel in Informationsbits zerlegen). Dann sieht die Kulturzirkulation so aus: Wertfreies wird verwertbar, Verwertbares wird wertvoll, Wertvolles wird wertlos und Wertloses wird wertfrei. Beim Zurückführen von Abfall in Kultur wird Wertloses wieder wertvoll, und dieses Wertvolle kann als Unwert angesehen werden. Eine derartige Wertung der Kulturzirkulation muß in uns selbstredend das Gefühl erwecken, daß es absurd ist, sich an Kultur zu engagieren (alles Wertvolle wird wertlos). Und tatsächlich können wir das Überhandnehmen des sogenannten »absurden Lebensgefühls« überall konstatieren. Wir haben daher neue Wertkategorien, eine »Umwertung aller Werte«, zu erwarten. Zusammenfassung des Impaktes des epizyklischen Modells: Gibt man das lineare historizistische Kulturmodell auf (wie man ja angesichts der neuen theoretischen Erkenntnisse und der praktischen Erfahrungen, zum Beispiel der Erfahrung mit Kitsch, muß), dann ist man gezwungen, alles neu zu bedenken. Man ist gezwungen, neue Wissenschaften mit neuen Erkenntniskategorien auszuarbeiten, neue politische und ästhetische Kategorien vorzuschlagen, und neue existentielle (und daher religiöse) Denk- und Erlebnisformen zu artikulieren. Gibt man das lineare, historizistische Denken, Handeln und Erleben auf, dann ist man gezwungen, auf revolutionär neue Art zu denken, zu handeln und zu erleben. Und tatsächlich können wir beobachten, wie sich diese Revolution bereits jetzt allerorts vorbereitet.

Theorie der Kommunikation

Unter den neuen Wissenschaften gebührt dieser Theorie eine vorrangige Stellung. Sie ist geeignet, die oben erwähnte Revolution in den Griff zu bekommen. Die menschliche Kommunikation kann in die drei Phasen der Erzeugung, der Übertragung und der Speicherung von Informationen aufgeteilt werden, was einst »Sender«, »Kanal« und »Empfänger« genannt wurde. Gegenwärtig ist es möglich, dank neuer theoretischer Einsichten und dank neuer Techniken jede einzelne dieser Phasen etwas genauer zu untersuchen.

Informationen werden erzeugt, wenn vorangegangene, in Gedächtnissen gelagerte Informationen miteinander verbunden werden. Neue Informationen emergieren nicht aus dem Nichts, sondern sie sind unwahrscheinliche, und daher unvorhersehbare Kombinationen vorangegangener Informationen. Zum Beispiel ist die neue Information »Newtonsches Weltbild« nicht aus dem Kopf Newtons entsprungen, sondern sie ist eine Computation der »irdischen« Mechanik (Galilei) mit der »himmlischen« Mechanik (Kepler). Derartige Computationen nennt man »Dialoge«. In Newtons »Weltbild«: Ein Dialog zwischen Galilei und Kepler. Derartige Dialoge können sich im Gedächtnis eines einzelnen ereignen, zum Beispiel im »Kopf« Newtons. Sie können durch einen Zufall – wie zum Beispiel durch einen Apfelfall, si non è vero, è ben trovato – ausgelöst werden. Das nannte man früher »Inspiration« oder »kreativen Prozeß«; aber man kann es gegenwärtig in Computern programmieren. Was die Flut von neuen Informationen erklärt, die uns gegenwärtig überschüttet. Die derart dialogisch erzeugten neuen Informationen werden an andere (menschliche oder künstliche) Gedächtnisse weitergegeben, um dort gelagert zu werden. Dieses Weitergeben nennt man »Diskurs«. Man kann, nach der Struktur, Diskurse klassifizieren. Zum Beispiel in »ausstrahlende« (wie beim Fernsehen oder bei Zeitungen), in »verzweigte« (wie beim Diskurs der Wissenschaften und Künste), und in »offene« (wie beim Schulunterricht). Die Disziplin, die dies untersucht, heißt »Medienforschung«. Die Gesellschaftsstruktur kann als ein Netz von überlagerten Diskursstrukturen angesehen werden. Die gegenwärtige Gesellschaftsstruktur ist von »ausstrahlenden« Diskursen gekennzeichnet. Was für Soziologen ein politisches Problem ist, aber für

Nachrichtentheoretiker vor allem ein technisches der »Schaltung«. Das zeigt, wie Politik und Technik ineinandergreifen. Jedenfalls geht es um ein tiefgreifendes Problem, weil Dialoge und Diskurse einander co-implizieren. Kein Dialog ohne vorausgehenden Diskurs, weil alle zu computierenden Informationen von Diskursen geliefert werden. Und kein Diskurs ohne vorausgegangenen Dialog, weil Diskurse in Dialogen ausgearbeitete Informationen weitergeben. Nur wenn Dialoge und Diskurse miteinander im Gleichgewicht stehen, ist Kommunikation möglich. Herrscht, wie gegenwärtig, eine Diskursform vor, die Dialoge unterbindet, dann droht die Gesellschaftsstruktur in eine amorphe Masse zusammenzufallen. Das erklärt, weshalb sich die Menschen vereinsamt (kommunikationslos) inmitten immer universalerer Diskurse fühlen. So stellt sich das politische Problem des Totalitarismus und der Demokratie von einer Theorie der Kommunikation her.

Die durch Diskurse weitergegebenen Informationen werden in Gedächtnissen gelagert. Das Gedächtnis ist ein Speicher, der immer wieder umgelagert werden muß, um neue Informationen zu speichern (um zu »lernen«). Je neuer eine herankommende Information, desto schwieriger ist es, sie zu speichern. Je redundanter sie ist, desto bequemer ist sie zu speichern. Das heißt: je informativer eine Mitteilung, desto unbequemer. Einmal gespeichert, kann die neue Information in künftigen Dialogen zur Ausarbeitung einer noch neueren verwendet werden. Letzten Endes aber wird sie vergessen. Künstliche Gedächtnisse »vergessen« langsamer als menschliche, dafür kann man bei ihnen Informationen löschen. Im gegenwärtigen Stadium computieren (dialogieren) künstliche Gedächtnisse schneller als menschliche, aber ihre Computationskompetenz ist kleiner. Daher ist von einer dialogischen Kopplung zwischen menschlichen und künstlichen Gedächtnissen in Wissenschaft, Kunst und Politik einiges zu erwarten.

Die bei der menschlichen Kommunikation erzeugten, weitergegebenen und gelagerten Informationen sind unwahrscheinliche Kombinationen von Symbolen. (Zum Beispiel von Bildern, Worten oder Zahlen.) Symbole bedeuten etwas, und zwar entweder andere Symbole oder konkrete Phänomene. Die Disziplin, die dies untersucht, heißt »Semiotik«. Das letzte Motiv der Kommunikation ist, die von ihren Symbolen bedeuteten konkreten Phänomene nach der von ihr ausgearbeiteten Information zu ändern.

Das letzte Motiv der Kommunikation ist das Aufsetzen der Informationen auf konkrete Phänomene, ist »Weltveränderung«, ist Arbeit. Es ist gegenwärtig möglich geworden, dieses Aufsetzen der Informationen auf konkrete Phänomene, diese Weltveränderung, diese Arbeit, auf automatische Apparate abzuschieben. Zum ersten Mal wird der Mensch frei, sich der Ausarbeitung neuer Informationen zu widmen, und nach diesen Informationen Apparate zu programmieren, damit diese für ihn die Welt verändern. Eine Gesellschaft, bei welcher die Mehrzahl sich diesem Computieren von Symbolen zu unwahrscheinlichen Kombinationen, zu Informationen, widmet, heißt »Informationsgesellschaft«. Die sogenannten »entwickelten« Gesellschaften sind eben daran, diese neue Gesellschaftsform anzunehmen.

Man kann das in diesem Abschnitt Gesagte so zusammenfassen: Die menschliche Kommunikation ist das Erzeugen, Weitergeben und Speichern von Informationen, mit der Absicht, diese Informationen auf konkrete Phänomene zu prägen, und daher die Welt zu verändern. Sie ist ein *Gespräch* über die Welt der konkreten Phänomene.

Anwendung der Theorie der Kommunikation auf das epizyklische Kulturmodell

Man kann an diesem Modell zwei »Hemisphären« unterscheiden. Die eine (Natur – Halbfabrikat – Kultur) ist vom Aufdrükken von Informationen auf konkrete Phänomene gekennzeichnet. Die andere (Kultur – Abfall – Natur) vom graduellen Auslöschen dieser Informationen. Das heißt: die erste »Hemisphäre« steht im Gespräch, die Kommunikation ist dort im Gange. Die andere »Hemisphäre« steht nicht im Gespräch, sondern im Vergessen. Sodaß man von diesem Modell sagen kann, es sei ein Versuch, Vergessenes ins Gespräch zu bringen. Von diesem Standpunkt aus wäre der Unterschied zwischen dem historizistischen und epizyklischen Modell dieser: das epizyklische versucht, das vom historizistischen Vergessene (also den Tod, das Absurde des Menschseins) ins Gespräch zu bringen.

Nun legt die Betrachtung des epizyklischen Kulturmodells den Gedanken nahe, ob es nicht auch für den Kommunikationsprozeß eine zweite »Hemisphäre« gäbe. Ob es nicht auch eine Kommunikation des Vergessens gäbe. Ob der im vorangegangenen Abschnitt geschilderte Vorgang nicht nur die eine, die »wahre« Seite der Kommunikation sei, und ob es nicht auch eine zweite, »falsche« Seite der Kommunikation gäbe. Eine Kommunikation, dank derer die gespeicherten Informationen zerrieben werden, um aus unwahrscheinlichen zu immer wahrscheinlicheren Kombinationen von Symbolen zu werden. Und tatsächlich können wir feststellen, daß es nicht nur so eine Pseudokommunikation gibt, sondern daß sie gegenwärtig den weitaus größten Teil dessen ausmacht, was wir gemeinhin »Kommunikation« nennen. Diese Pseudokommunikation soll hier *Gerede* genannt werden. Sie zerredet die Informationen, die im Gespräch erzeugt, weitergegeben und gespeichert wurden, um sie zu Amorphem, Wahrscheinlichem, Voraussehbarem zu zerreiben. Betrachtet man das Gerede, dann kann man es als ein Spiegelbild des Gesprächs ansehen. Es ist Lagerung, Übertragung und Konsum von immer redundanter werdenden Informationen. Den Dialogen im Gespräch entspricht im Gerede die öffentliche Meinung (das Tratschen, das Bereden, der sogenannte Konsensus). Den Diskursen im Gespräch entsprechen im Gerede die von den Medien ausgestrahlten Programme (die sich mit leichten Variationen wiederholenden Botschaften, die mit Recht »Zerstreuung« genannt werden). Der Co-implikation von Dialog und Diskurs im Gespräch entspricht im Gerede das *feed-back* zwischen öffentlicher Meinung und Programm (etwa Marktforschung, Demoskopie und politische Wahlen). Kurz: es wird möglich, die Theorie der Kommunikation an das epizyklische Kulturmodell anzupassen, und eine »Hemisphäre« des Gesprächs (des Ausarbeitens von Informationen zwecks Weltveränderung) von einer »Hemisphäre« des Geredes (des Zerreibens von Informationen zwecks Vergessens) zu unterscheiden. Und dann läßt sich sagen, der Zirkulationssektor »Natur – Halbfabrikat – Kultur« stehe im Gespräch, der Sektor »Kultur – Abfall – Natur« im Gerede.

Kitsch

Ich habe den Kitsch provisorisch als eine Methode definiert, dank welcher der überzufließen drohende Abfall in die Kultur zurückgeführt wird. Jetzt läßt sich diese Definition etwas verfeinern. Abfall besteht aus Kulturobjekten, aus denen die Informationen zum Teil ausgewischt wurden. Er ist daher im Gedächtnis »Kultur« bequem zu speichern. (Je redundanter eine Mitteilung, desto bequemer ist sie zu lagern.) Daher ist es selbst bei der gegenwärtigen Stauung in der Kultur durch Überproduktion an Informationen möglich, den Kitsch unterzubringen. Er ist eine bequeme, gemütliche Methode, es sich im Abfall wohnlich zu machen, darin, um mit A. Moles zu sprechen, glücklich zu werden. Diese Perspektive macht klar, daß Kitsch ein allgemeines Kulturphänomen ist, und nicht nur ein künstlerisches. Es gibt wissenschaftlichen und politischen Kitsch, ebenso wie einen künstlerischen. Alle aus dem Abfall in Kultur zurückgeführten Phänomene sind Kitsch zu nennen. Da es beim Recycling um ein Umkehren der Kulturzirkulation geht, um ein Vergegenwärtigen von Vergangenem, sind viele Kitschphänomene am Präfix »Neo« zu erkennen – zum Beispiel Neoklassizismus, Neodarwinismus, Neoliberalismus, aber auch Neue Rechte und Neue Linke. Gewöhnlich geht es aber beim Kitsch nicht darum, einzelne Phänomene aus dem Abfall zu fischen, um sie in die Kultur zurückzustellen. Sondern wirksamer ist es, in verschiedenen sich überlagernden Schichten des Abfalls zu wühlen, und die dort vorgefundenen Objekte zu Kitschobjekten zusammenzukleben. Denn da in all diesen Objekten nur noch Reste von Informationen eingegraben sind, erwecken derartige Agglutinationen den Eindruck von Informationsreichtum und sind trotzdem bequem zu speichern. Ein Musterbeispiel für eine derartige Agglutination bietet der Nazismus: halb verbrauchter Nationalismus, Sozialismus, halb verbrauchte Mythen, Wissenschaftshypothesen und Geschichtshypothesen werden zusammengeklebt, um den Eindruck von etwas Neuem zu erwecken und dabei doch leicht verdauliche Klumpen zu bilden.

Der Kitsch ist jedoch faszinierend nicht nur, weil es bei ihm um ein Umkehren des Zeitvektors geht, um eine Vergegenwärtigung von Vergangenem und daher um ein neues Zeiterleben. Er ist vor allem auch faszinierend, weil es bei ihm um eine Absage an das Gespräch und um eine *Bejahung des Geredes* geht. Nicht mehr Informationen sollen erzeugt und weitergegeben werden, um die Welt zu verändern, sondern im Gegenteil sollen Informationen zerredet werden, um vergessen zu werden. Man will beim Kitsch nicht dem Absurden des Todes den Willen des Menschen entgegenstellen, im Gedächtnis zu bleiben, sondern man will sich beim Kitsch dem Vergessen, dem Tod überliefern. Nicht mehr gesprochen, nur geredet soll werden. Dieses Engagement am Vergessen, am Tod, am Gerede, ist übrigens am Nazismus leicht einzusehen. Kitsch ist demnach eine »nostalgie de la boue«, eine Sehnsucht, sich aufzulösen. Und zwar auf bequeme, auf gemütliche Weise. Im Grunde ist daher Kitsch eine Methode, angesichts des Absurden des Menschseins gemütlich zu sterben. Und dies mag als Definition des Kitsches angesehen werden.

Prognose

Der Kitsch ist ein Phänomen der gegenwärtigen Kreislaufstörungen im Kulturprozeß, der Stauung im Abfall. Es ist daher falsch, zu glauben, es habe Kitsch immer gegeben. Es gab ihn nur in ähnlichen Kultursituationen, zum Beispiel bei der Pseudoindustrialisierung der späten Antike. Es wird ihn daher auch nicht immer geben.

Es gibt gegenwärtig Anzeichen für eine künftige völlige Umschaltung des Kulturkreislaufes. Der weitaus größte Teil der künftigen Informationen wird wahrscheinlich nicht mehr Gegenständen aufgedrückt werden müssen, sondern von »immateriellen« Unterlagen, zum Beispiel von elektromagnetischen Feldern, getragen werden. Derartige »reine Informationen«, zum Beispiel synthetische Bilder auf Computerterminals, haben keinen Abfall. Zwar werden automatische Apparate einige dieser Informationen in Gegenstände prägen und Kulturobjekte erzeugen; aber die Menge dieser Objekte wird sich wahrscheinlich stark verringern. Da man über in künstlichen Gedächtnissen gelagerte Informationen verfügen wird, wird man das Interesse am Sammeln von in Objekten gelagerten Informationen (von Schuhen, Kühlschränken, Autos) verlieren. Dadurch wird sich der Abfall verringern, und Kitsch wird unnötig werden. Das ist »nachindustrielle Gesellschaft«.

Es wird allerdings in einer solchen Gesellschaft ein völlig anderes als das Problem der Umweltverschmutzung entstehen. Nämlich das Problem, ob die telematisch geschaltete Gesellschaft ihre Kanäle für Gespräche, für »wahre« Kommunikation, verwenden wird oder für Gerede. Das ist zwar ein mindestens ebenso beunruhigendes Problem wie das des Kitsches; aber es steht außerhalb der Reichweite dieses Beitrags.

Der eben aufgestellten Prognose ist ebensoviel Glauben zu schenken wie jeder Prognose. Das heißt: die vorausgesehene Lage wird eintreten, falls keine Katastrophen dazwischentreten. Katastrophen sind immer wahrscheinlich; aber sie können »ex definitione« nicht vorausgesehen werden.

Abschließend

Der Kitsch ist ein Übergangsphänomen aus der Industrie- in die Informationsgesellschaft. Es drückt sich in ihm der Unwille aus, dem jetzt bewußt gewordenen Absurden des Menschseins die Stirn zu bieten, und der Wille, gemütlich zu sterben.

VOLKER RAPSCH

Medienkitsch und Flussers Utopia

I

Kein Abfall, kein Kitsch. Wie die Menschen ohne das Sich-Be-
haglichmachen, ohne Tratsch und Schwätzen, ohne das Gutmei-
nen und Trösten, ohne das Einander-die-Angst-Nehmen (was
das Leben so erträglich macht), ohne Andenken und Souvenirs,
ohne Unterhaltung oder Zerstreuung, ohne ein magisches Weltbild – halt wie die Menschen *ohne* »Gerede« auskommen sollen,
darüber verliert Vilém Flusser kein Wort. Es spricht manches für
Mongardinis Vermutung, daß mit der ›reinen‹ Information die
reinste Kitschgesellschaft erst entstehen wird, weil die Menschen
Objekte, Dinge brauchen, an die sie sich klammern können.
Flusser aber spricht von einer neuen Bewußtseinsebene. Über
die kann man spekulieren. Er tut das und entwickelt die Geschichte der Menschheit aus der Dialektik zwischen »Text und
Bild« in die Zukunft.

II

In dem Buch *Für eine Philosophie der Fotografie* (Göttingen
1983) geht es weniger um Fotografie und um das Fotografieren
im engen Sinne. Vielmehr analysiert Flusser eine immer konkretere Formen annehmende Gesellschaft, eine, die nach den Regeln von Apparaten und Automaten funktioniert. Diese nun sei
mit herkömmlichen Denkkategorien nicht mehr zu erfassen.
Die Erfindung der Fotografie markiert, sagt Flusser, das Ende
der Neuzeit und erfordert die Aufgabe des historizistischen, linearen Denkens zugunsten alternativer Denkmodelle, die dem
Stadium der Endzeit adäquat sein müssen.
Das erste technische Bild, die Fotografie, setzt Flusser an den
Anfang der Endzeit. Sie weist den Weg »aus dem zerfallenen

63

Universum des begrifflichen Textdenkens« zu einer neuen Bewußtseinsebene, der der »Einbildungskraft«.

Dank des technologischen Standards der auf die Menschheit zurollenden »Informationsgesellschaft« und der dadurch möglichen Befreiung von der direkten Auseinandersetzung mit der Umwelt seien immer höhere, dem Leben einen Sinn verleihende Bewußtseinsebenen erreichbar. Die untereinander vernetzten Einzelwesen säßen an den Klaviaturen ihrer Computer-Terminals, befänden sich in einem »kosmischen Zwiegespräch«. Sie produzierten synthetisierte technische Bilder (»Einbilden«) und tauschten diese aus, bildeten ein »kosmisches Gehirn«–Endzeit. Eine derartige Entwicklung zeichnet sich Flusser zufolge ab, betrachtet man die letzten 150 Jahre. Mit der Erfindung der technischen Bilder sei eine Kulturrevolution in Gang gesetzt und die künftige Kommunikationsstruktur einer von technischen Bildern beherrschten Gesellschaft gleichsam programmiert worden. Kulturrevolution und Kommunikationsstruktur verweisen auf den Druck auf die Taste. Der Druck auf den Auslöser des Fotoapparats oder auf die Taste des Computer-Terminals sei die neue »Geste des Einbildens«, entfaltet auf der Bewußtseinsebene »Einbildungskraft«.

III

In seinem Essay Text und Bild (Berlin 1984) will Flusser den Nachweis führen, daß zwei mit der Menschheitsgeschichte verbundene, aufeinanderfolgende Bewußtseinsebenen, nämlich »Vorstellungskraft« und »Begriffskraft«, einander verstärkt und die westliche Zivilisation im Altertum und Mittelalter vorangetrieben haben, bis die »Begriffskraft« die Oberhand gewann. »Vorstellungskraft« bezieht sich auf die prähistorische Fähigkeit des Bildermachens. Das Bild befähigte den Menschen, seine Umwelt sich vorzustellen. »Begriffskraft« bezieht sich auf den Text bzw. auf die Fähigkeit des Schreibens als »ikonoklastische Geste«, als gegen die Bilder gerichtete Fähigkeit, das imaginäre Szenarium der Idolatrie in begreifende Prozesse aufzulösen. »Die Texte sind erfunden worden«, so Flusser, »um die Bilder zu erzählen und wegzuerklären. Das ist ihnen nicht gelungen. Die Bilder haben diesen Textangriff umgedreht und haben sich als Illustrationen in die Texte selbst geschoben. Dank dieser so entstandenen Dialektik zwischen Text und Bild sind die Texte immer imaginärer und die Bilder immer konzeptueller geworden«.

Die Bewußtseinsebene »Begriffskraft« steht für das historisch-lineare Bewußtsein. Diese konnte sich ungehindert durchsetzen, als der Buchdruck erfunden wurde, die Menschen Lesen und Schreiben lernten. Das *feed-back* zwischen Text und Bild wurde unterbrochen, die Bilder aus dem täglichen Leben verdrängt und in die Museen abgeschoben.

Weil die Texte nicht mehr gegen die Bilder kämpfen mußten, konnten sie der, so Flusser, »ihnen innewohnenden Tendenz zur Linearität folgen. Wissenschaft, Technik, industrielle Revolution, kurz: Fortschritt ist die Folge dieser von Bildern nicht mehr gebremsten Texte. Die Neuzeit«.

Im beginnenden 19. Jahrhundert ortet Flusser eine Spaltung der Texte. Auf der einen Seite eine die ausgeschiedenen Bilder (Magie) ersetzende Textolatrie, also ideologische Texte, auf der anderen Seite »fortschreitend immer weniger vorstellbare Texte«, die, besonders den dominierenden naturwissenschaftlichen Forschungen entsprungen, zu ausgeklügelten Begriffssystemen führten, nicht aber mehr dazu dienten, Bilder begreiflich zu machen.

Das Schreiben hatte, laut Flusser, »seine ursprüngliche Funktion, Bilder zu entmagisieren, verloren«. Von einer Dialektik zwischen »Vorstellungskraft« und »Begriffskraft« könne seitdem nicht mehr gesprochen werden. Geschichte nach traditionellem Verständnis sei am Endpunkt angelangt. Flusser spricht vom »Zerfall des historischen Begriffsbewußtseins« und von einem im Entstehen begriffenen »nachgeschichtlichen Kommunikationsbewußtsein«, das er »Einbildungskraft« nennt.

Am Endpunkt der Geschichte siedelt Flusser die Fotografie an: »Sie entsteht aus den Texten der Optik, der Chemie, der Mechanik. Diese Texte beginnen zur Zeit der Erfindung der Fotografie ein körniges und darum unvorstellbares Weltbild des Universums der Wissenschaften zu entwerfen. Diese körnige Struktur wird sich im Lauf des neunzehnten und zwanzigsten Jahrhunderts immer deutlicher bewahrheiten und sie wird auf alle Wissensgebiete übergreifen. Nicht nur auf der physikalischen, der chemischen und der biologischen Ebene wird sich die objektive Welt als ein Haufen von Punktelementen erweisen (als ein Haufen von Partikeln, Molekülen und Genen), sondern die mentale Welt wird ebenfalls in Punktelemente zerfallen (in Informationsbits, in Kultureme und Aktome)«.

Flusser weist nun den technischen Bildern die Funktion zu, »die unbegreiflich gewordene körnige Welt der Begriffe wieder vorstellbar« zu machen. »Sie sollen zwischen uns und der begrifflichen Textwelt vermitteln.« Das macht die dem nachgeschichtlichen Kommunikationsbewußtsein entlockte »Geste des Einbildens« erforderlich, um die mannigfach gebrochene Welt der Texte zu Bildern zusammenflicken, um Abstraktionen und zunehmend Gegenstandsloses konkretisieren zu können. Mit anderen Worten: »Einbildungskraft« wendet sich gegen »Begriffskraft«, die technischen Bilder richten sich gegen die Texte. Behält man Flussers Modell im Auge, dann kommt es zu einer Wechselwirkung zwischen technischem Bild und Text, von der beide profitieren. Sie sind aufeinander angewiesen. Das technische Bild entspringt dem Text, den es angeht; der Text reagiert, wehrt sich, wendet sich kritisch gegen das technische Bild usw. ›Kritisch‹ meint in diesem Zusammenhang das Schreiben von »Anti-Texten«, d. h. in eine technische Bilder ermöglichenden Texten entgegengesetzte Richtung verlaufende Texte. Daß solche Texte zu ›Anti-Bildern‹ führen können, beweist der Fotoband »Transformance« von Andreas Müller-Pohle (Göttingen 1983). Innerhalb von drei Jahren hat Müller-Pohle 10 000 sogenannte Zufallsbilder gemacht: er hat sich vom Programm des Apparats gelöst, erst auf den Auslöser gedrückt und dann geschaut. Der Band enthält die, wie Flusser wohl sagen würde, informativsten Fotografien seiner von Bedienungsregeln entbundenen Kamera.

IV

Flusser spricht von einer Anti-Texte-Explosion, die die Menschheit vor Halluzinationen und der Faszination der »eingebildeten« Umwelt in einer mediatisierten Gesellschaft *bewahren* wird. Wie diese Art von Texten aussehen wird, ob hilflos-trotzig wirr oder heillos verschlungen, das könne man noch nicht ermessen, aber die Herausforderung durch die technischen Bilder sei so stark einzuschätzen, daß sich »eine wahre Flut von Texten« gegen sie ergießen wird. Flusser: »Was sich in mir ballt und türmt sind Einbildungen von mir selbst und der Welt, von denen ich zwar weiß, daß es nur Einbildungen sind, aber die mich dennoch in allen Fasern bedingen. Und ich schreibe, um diese Einbildungen in die lineare Ordnung des begrifflichen Denkens zu zwingen, ...um mich aus der Gewalt der in den technischen Bildern programmierten Ideologie zu befreien.«

Aus der Dialektik zwischen »Einbildungskraft« und »umgekehrter Begriffskraft« leitet Flusser immer höhere Bewußtseinsstufen ab: »Nicht illeterat wird die Gesellschaft werden, sondern sie wird aus lauter Schriftstellern bestehen.« Eingedenk einer künftig dialogisch geschalteten Kommunikationsstruktur – die es ermöglicht, »Anti-Texte« (individuelle Computerprogramme) wie synthetisierte Bilder auszutauschen – wird die Menschheit »inmitten einer Science fiction und einer Fiction science von einem unwahrscheinlichen Abenteuer zu einem noch unwahrscheinlicheren Abenteuer schreiten. Das ist«, glaubt Flusser, »die Bedeutung von ›Informationsgesellschaft‹«.

Seine Vision von der Informationsgesellschaft meint die erste, tatsächlich freie Gesellschaft, »die von der Notwendigkeit, den Umstand zu verändern (das kann sie automatischen Apparaten überlassen) und nun für eine dialogische Sinngebung des Lebens befreit ist«. Flusser meint die »allen Utopien vorschwebende, aber jetzt technisch möglich gewordene Endzeit«.

Legt man Flussers an den Zweiten Hauptsatz der Thermodynamik angelehnte Definition von Information zugrunde – Information ist jeder unwahrscheinliche Zustand bzw. Sachverhalt –, dann liest sich seine Vision von der Informationsgesellschaft, von den sich immer weiter und ›höher‹ entwickelnden Bewußtseinsebenen äußerst informativ, denn die aus seinem Modell gezogene Erkenntnis abstrahiert von Wahrscheinlichkeiten – (so ganz ohne Sinn kann das immense Zerstörungspotential ja nicht sein) – und dem Wesenszug des Menschen, den Traum vom Sinn des Lebens weiterhin träumen zu wollen. Beides läßt sich in die technokratische Friktionslosigkeit des Modells nicht einfügen.

V

Nun schließt jedes Modell – und sei es nur für den Tag konstruiert – mehr aus als ein bzw., um es mit den Worten Arnold Gehlens zu sagen, Übersicht gewinnt nur, wer vieles übersieht. Besonders dann, wenn einer bemüht ist, etwa das Melodramatische und die Macht der Emotionen schlichtweg zugunsten kybernetischer Formalisierungen zu negieren. Funktionale Erklärungsmodelle nehmen, so scheint es, keine Rücksicht auf »die gesellschaftlichen Leiden und das Leiden an der Gesellschaft« (H.-P. Dreitzel), auf Empfindungen, die kleinen und großen Ängste des einzelnen, auf die am »Universum der technischen Bilder« – einschließlich aller, in totale Abhängigkeit von Apparaten bringenden Begleiterscheinungen –, kurz: auf die an völliger Entfremdung zerbrechenden Menschen.

Im Grunde setzt Flussers Modellkonstruktion Rationalisten voraus, die nichts anderes im Kopf haben als »das Engagement an einer gegenseitigen Wechselwirkung von Text und technischem Bild« und das für die einzige Kulturform halten, heute und morgen sich »würdig zu engagieren«. Dabei läßt er ethnische Gesichtspunkte und nationale Identitäten außen vor, ebenso Gesellschaftssysteme und Besitzverhältnisse. »Es wurde Zeit, daß mal ein Kapitalist die Welt verändert«, lautet die headline einer Anzeigenkampagne. Eine Computerfirma plazierte ihr Gerät an das Ende einer Reihe kommunistischer Klassiker.

Bislang ist die Beschäftigung mit elektronischer Bildmagie wenigen Spezialisten vorbehalten, die um der »technologischen Zerstreuung« (N. Postman) und um der pekuniär einträglichen Illusion willen die Grenzen zwischen Computerrealität und sozialer Wirklichkeit durch Medienkitsch verschwinden lassen. Noch sind Programmierungen schwierig und aufwendig, Flusser aber vermutet, daß sie »verbraucherfreundlicher« werden, d. h. von mathematischen Formeln zum herkömmlichen Schriftcode zurückgehen werden – vermutlich auf Betreiben der Anteilseigner internationaler Medienkonzerne und Computergiganten ...

Über psychische Auswirkungen alter Medien, zum Beispiel des Fernsehens, wissen wir wenig Stichhaltiges. Noch weniger wissen wir über die neuen Medien. Ohne Frage können aktuelle und künftige Technologien von befreiender Wirkung sein, nur müssen dann die Begriffe Freiheit und freier Wille in einer Computerkultur neu gedacht werden – vielleicht sogar mit Hilfe von »The Second Self« (S. Turkle), der Maschine mit evokatorischen Eigenschaften, die das menschliche Gehirn nicht nur imitiert, sondern es auch zu reizen und zu beflügeln vermag, womöglich es einmal selbst sein wird.

Der gegenwärtige Stand der Dinge spricht freilich mehr für Huxleys Utopie einer »Schönen neuen Welt«, und weniger für kosmische Zwiegespräche unter dem Vorzeichen einer dialogischen Sinngebung des Lebens. »Komme mir keiner und behaupte«, so Neil Postman, Professor für Media Ecology an der New York University, »die schweigende Mehrheit Amerikas werde nicht durch elektronische Technikapparaturen gelenkt, gleichgeschaltet und kontrolliert, – und zwar in ihrem Verhalten wie ihren Gedanken.« Seit Galbraith (1968) wissen wir, daß die Anpassung der Denk- und sozialen Verhaltensweisen an die Erfordernisse einer entwickelten Industrie und an die Ziele einer technologisch determinierten Gesellschaftsstruktur ein immer deutlicher werdendes Merkmal unseres politischen Systems ist. Die Entwicklung zur autoritären Leistungsgesellschaft, die der technokratischen Forderung nach Reibungslosigkeit in allen Lebensbereichen nachkommt, ist seit langem programmiert und wird tagtäglich spürbarer. Die Unterhaltung, die dargebotenen Zerstreuungs- und Vergnügungsmöglichkeiten, der Medienkitsch, sind Schmieröl und Kontrolle zugleich. So wie der einzelne funktioniert, so ist er zerstreut.

Die in den erbarmungslosen Apparaten akkumulierten Ideologien sind auf die »Ausbeutung der Seelen« (H. Pross) getrimmt. Von daher ist das *Einlullungspotential* der neuen Medien in einer Computerkultur ungleich höher einzuschätzen als das der alten Medien. Allerdings haben kritische Einschätzungen vor dem Hintergrund moralisch-ethischer Beweggründe und humanistischer Einstellungen den Siegeszug herkömmlicher Medien nicht vom Weg der Massenmagie abbringen können. Es ist zu vermuten, daß die traditionellen Kategorien der Wissenschaften im Getriebe der Apparate einer Computerkultur erst recht hängenbleiben und in Agonie oder anthropofugalem Denken münden werden.

Flussers Ansatz, Naturwissenschaft von Sozialwissenschaft nicht mehr zu trennen und nüchtern und vorurteilslos alternative Kategorien zu elaborieren, ist ein notwendiger Versuch, die Welt der Apparate mit ihrem programmierten Willen zur Macht kommunikationsphilosophisch in den Griff zu bekommen. Nur dürfte auf verlorenem Posten kämpfen, wer es wagt, sich gegen das Apparatprogramm aufzulehnen, ohne den allgemein gewordenen, bequemen (will sagen: reaktionären) Apparatepessimismus zu teilen.

HELMUT LAMPRECHT

Philosophischer Kitsch – Kitsch überhaupt

Hinweise auf Adornos Theorie des Unwahren in der Kunst

Theodor Adorno gilt als eines der Häupter einer gewissen »Schule«, der sogenannten »Frankfurter Schule«, die freilich im traditionellen Sinne gar keine war. Philosophische Schulen basieren ja in der Regel auf geschlossenen Systemen. Aber dagegen, daß die Kritische Theorie der Frankfurter Sozialphilosophen (Horkheimer – Adorno – Marcuse u. a.) Ausdruck eines philosophischen *Systems* sei, gerade dagegen hat besonders Adorno stets opponiert. Für ihn hatten Systeme immer etwas von einem Zwangszusammenhang, der die einzelnen Momente ihrer je eigenen Identität beraubt zugunsten der Identität des Ganzen. Diesen kritischen Grundvorbehalt bezog Adorno nicht nur auf philosophische, sondern auch auf politisch-soziale Systeme. Sein bekanntes Diktum, das Ganze sei das Unwahre, ist unter diesem Aspekt zu sehen. Sein Interesse galt dem einzelnen Moment, dem Individuum sowohl als auch dem ungeschützten Gedanken, dem also, was der Zwangstendenz des Ganzen, des Systems, zu widerstehen trachtet. »Frankfurter *Schule*« unterm Systemaspekt ist also unzutreffend. Gleichwohl kursiert die Legende weiter, wofür jene Anekdote ein Ausdruck ist, derzufolge ein japanischer Professor, in Frankfurt angekommen, ein Taxi besteigt und zur Frankfurter Schule gefahren zu werden wünscht. Er hielt das für eine feste Adresse.

Ich fürchte, daß Theodor W. Adorno das Referat Vilém Flussers, das ja sozusagen ein geschlossenes System entwickelt, als ideologisch kritisiert hätte. Ich glaube, daß er besonders gewissen Inkommensurabilitäten widersprochen hätte, vor allem der Anwendung einer dezidiert naturwissenschaftlichen Kategorie auf Gesellschaftliches: An ihr wird ja das Ende der Menschheit unter

Ein erotisches Meisterwerk

Bo Derek über „Ekstase":
„Ich würde privat nie nackt
durch einen Park rennen,
Striptease auf einer Party machen.
Aber: Wenn ich mich
für einen Filmszene ausziehe,
erscheint mir das ehrlich
und natürlich".
'BUNTE ILLUSTRIERTE'

Hollywood entsetzt über nackte
Bo. Die Hauptdarstellerin präsentiert sich in dem „Sexfilm" vorwiegend nackt.
'ABENDZEITUNG, MÜNCHEN'

Was die 27jährige Bo so alles
zeigt: Liebesspiele in der Sauna,
Bettszenen von unverhüllter
Heftigkeit, textilfreie Ausritte
hoch zu Roß. Um die Rolle einer
Amerikanerin, die sich in Europa
einen kräftigen Kerl ausguckt und
dann bei den Klängen von Ravels
„Bolero" die höchsten Liebes-
freuden genießt, hatte Bo monate-
lang gekämpft.
'QUICK'

Bo Derek in ihrer schärfsten Rolle
...
Nackte Körper, die sich in ihrem
Liebesrausch winden ...
Diesen Film wollte der Staats-
anwalt verbieten
'NEUE REVUE'
...
John und Bo Derek:
„Wir haben keinen Porno gedreht,
sondern einen erotischen Film".
'PLAYBOY'

Bo Derek's Ekstase
(BO-BOLERO)

Ab 11. Januar 1985
im Kino

SCOTIA-Film

Die Bundesregierung informiert:

**Der Frieden ist wieder sicherer. Der Anstieg der Arbeitslosigkeit ist gestoppt.
Die Preise sind wieder stabil. Die Luft wird wieder sauberer.
Das haben wir alle gemeinsam geschafft.**

Danke,
Deutschland.

Der Frieden ist wieder sicherer.
Wir haben das Glück, in der bisher längsten Friedensperiode der jüngeren europäischen Geschichte zu leben. Dafür sorgt unsere Sicherheitspolitik im westlichen Bündnis. Die Vereinigten Staaten und die Sowjetunion werden im Januar die Genfer Gespräche wieder aufnehmen. Das ist eine neue Chance, Frieden zu schaffen mit immer weniger Waffen.
Die europäische Einigung schreitet voran. Das ist ein schwieriger Prozeß, der sich aber für uns alle lohnt: Er stärkt das politische Gewicht unseres Kontinents, fördert unseren Wohlstand und sichert unsere Zukunft.
Diese Politik wäre ohne die Unterstützung der großen Mehrheit unseres Volkes nicht durchsetzbar. Dafür dankt Ihnen die Bundesregierung.

Der Anstieg der Arbeitslosigkeit ist gestoppt.
Die Zahl der Kurzarbeiter ist drastisch zurückgegangen. Die Nachfrage nach Arbeitskräften wächst. Die Jugendarbeitslosigkeit ist auf dem niedrigsten Stand seit drei Jahren. 1984 konnten weit über 700.000 Ausbildungsplätze neu besetzt werden, so viele wie nie zuvor.
Das sind große Erfolge – besonders, wenn man sich an die Ausgangslage vor zwei Jahren erinnert: Damals war der Anstieg der Arbeitslosigkeit ungebrochen. Und es gab Befürchtungen, daß bald mehr als drei Millionen Menschen ohne Arbeit sein könnten.
Die Bundesregierung konsolidierte die Staatsfinanzen, sorgte für Preisstabilität, schaffte die Rahmenbedingungen, damit die Wirtschaft sich erneuern und entwickeln konnte. Nur so läßt sich die Arbeitslosigkeit auf Dauer in den Griff bekommen.
Diese Wende zum Besseren wäre ohne den Einsatz und den Optimismus der großen Mehrheit der Bürger nicht möglich gewesen. Dafür dankt Ihnen die Bundesregierung.

Die Preise sind wieder stabil.
In nicht einmal zwei Jahren ist es gelungen, nach der Inflation wieder Preisstabilität zu schaffen. Die Geldentwertung betrug Anfang der 80er Jahre über sechs Prozent. Heute sind es nur noch zwei Prozent. Wie in den 60er Jahren. In Sachen Preisstabilität sind wir Weltspitze.
Zum erstenmal seit fünf Jahren werden die Bürger durch Lohnerhöhungen und Sparzinsen nicht mehr durch die Inflation weggefressen. Die Einkommen wachsen wieder real.
Die Gesundung der Staatsfinanzen macht gute Fortschritte. Je weniger Kredite der Staat aufnimmt, desto preiswerter wird das Geld für Investitionen der Wirtschaft. Dahinter steckt ein klares Konzept: Nicht mehr Staat, sondern mehr Markt.
Ohne Ihre Mitarbeit wäre das alles nicht möglich gewesen. Dafür dankt Ihnen die Bundesregierung.

Die Luft wird wieder sauberer.
Wir gehen Europa im Umweltschutz voran. Mit der Einführung des Abgaskatalysators für Autos. Durch die Halbierung des Ausstoßes von Schwefeldioxid aus den Schornsteinen von großen Kraft- und Heizwerken. Bei der internationalen Festlegung von Höchstwerten für die Luftbelastung. Mit der Erforschung der Waldschäden und der Methoden ihrer Bekämpfung, beim Artenschutz, beim Bodenschutz, bei der Regelung der Abfallbeseitigung und bei den Bemühungen zum Schutz der Nordsee. Deutschland ist auf dem richtigen Weg.
In unserer modernen Gesellschaft sind wirtschaftliches Wachstum und Umwelt zwei Seiten ein und derselben Medaille.
Was auf diesen Gebieten gemeinsam in den letzten beiden Jahren erreicht wurde, kann sich sehen lassen. Viele haben mit Rat, Tat und Kritik mitgeholfen. Dafür dankt Ihnen die Bundesregierung.

Gemeinsam sichern wir die Zukunft.

Weitere Informationen zu den Thesen erhalten Sie vom Presse- und Informationsamt der Bundesregierung, 5300 Bonn 1, Postfach 1300.

Leicht konsumierbares Schönheitsideal, die »Traumfrau«. (Abb. links)
Zeitgemäßer Politkitsch im Stile der »Bild«-Zeitung.

Hinweis auf jenen Wärmetod prophezeit, den der Zweite Thermodynamische Hauptsatz formuliert, und daraus eine originelle Theorie des kulturellen Abfalls entwickelt. Also derlei hätte Adorno sicher kritisiert; und wohl auch die These vom Ende des Humanismus.

Andererseits hätte er gewisse Einzelthesen Flussers vermutlich mit Interesse aufgenommen, z. B. die These, daß Kitsch das Heimischwerden von Vergangenem in der Gegenwart sei, daß die Menschen dazu neigen, im Abgesunkenen – hier wird es Abfall genannt – sich gemütlich einzurichten. Dieser Gedanke hätte ihn wohl sehr interessiert. Allerdings hätte er wohl auch gewisse kritisch-dialektische Sozialbezüge hinzugedacht, die Phänomene also nicht positivistisch hingenommen; d. h. er hätte auch gefragt, Ausdruck welcher gesellschaftlichen Verfassung, welcher sozialen Deformation es sei, wenn heute die Idee auftaucht, daß der Tod als Abfall betrachtet wird und als solcher – durch Recy-

73

Blaue Lyrik

I.

Was klingeln matte Lichter
Ob meiner Seele Sumpf —
Was jüngeln Quergesichter
Um meiner Hoffnung Stumpf?
O Schlingel Ihr und Wichter
Benagt nur meinen Rumpf —
Ich fühl's, ich bin ein Dichter:
Heut ist Meschugge Trumpf!
Otto Erich.

II.

Des Blödsinns titaneske Lavawogen
Verwüsten meiner Sehnsucht blaue Flur,
Aus gelben Wolken, die gen Norden zogen,
Knirscht jäh ein Licht, ausschwefelnd
die Natur.

Die Farben, die an meiner Niere sogen,
Ich kenne Sie vom Hörensagen nur —
Des Blödsinns titaneske Lavawogen
Verwüsten meiner Sehnsucht blaue Flur.

Dir, der des Lebens Farbentöne logen,
Dir, Wasserleiche, schwör' ich diesen Schwur:
Ich beuge niemals mich den Pathologen,
Ich kenne, ich verfolge meine Spur —:
Des Blödsinns titaneske Lavawogen!
Otto Erich.

III.

Leise zirpt mein Herz in süßem Wahnsinn,
Ahnt es dürstend Deine fernste Nähe,
Und mit scharlachrothen Purpurthränen
Tupf' ich meine türkisblaue Jacke.

Blinzelnd heb' ich meine Augenlider
Und berauscht vom Silberblick des Mondes
Leise zirpt mein Herz in süßem Wahnsinn,
Ahnt es dürstend Deine fernste Nähe.

Pierrot wankt in Liebesqual zum
Wandschrank,
Führt die Flasche Henessy zum Munde
Und das dreigesternte Feuer trinkt er,
Bis berauscht vom Silberblick des Mondes
Leise zuckt sein Herz in süßem Wahnsinn.
Albert Schiero.

Blaukraut

Hans Rossmann (München).

Deutscher Traumkitsch anno 1898

cling – einer neuen Verwertbarkeit zugeführt werden könne. Ich glaube, das hätte ihn an die grausigsten Ereignisse der jüngsten deutschen Geschichte erinnert.

Nun also einige Anmerkungen zum Problem des Kitschs in der Sicht Theodor W. Adornos. Zunächst weniger unter Hinweis auf das, was er darüber in seiner *Ästhetischen Theorie* sagt, sondern ich will mich vornehmlich auf seine kritisch-polemische Schrift *Jargon der Eigentlichkeit* beziehen, die er 1964 als Paralipomena seiner zwei Jahre später erschienenen *Negativen Dialektik* publiziert hat. Es ist – seit Nietzsche – das Ätzendste, was je über philosophischen Kitsch geschrieben wurde. Über deutschen philosophischen Kitsch, wie ich sogleich hinzufügen muß.

Kitsch ist für Adorno grundsätzlich eine Erscheinung von Ideologie, Ausdruck eines gesellschaftlich verursachten falschen Bewußtseins. Philosophischer Kitsch artikuliert sich, wie jeder literarische, in Sprache. Adornos Sensibilität für sprachliche Phänomene, für Ausdrucksphänomene überhaupt, hat zu tun mit seinem künstlerischen Naturell. An der Philosophie des deutschen Existentialismus von Heidegger, Jaspers, Bollnow und anderen, auf die er sich im »Jargon der Eigentlichkeit« wesentlich bezieht, hätte er sich nicht so gerieben, wenn er deren Sprachgestus, der ja für ein bestimmtes, nach Adornos Überzeugung verdunkelndes Denken steht, nicht als weitverbreitetes Ideologiephänomen in der Gesellschaft wiedergefunden hätte. Der Jargon der Eigentlichkeit ist für Adorno »die zeitgemäße deutsche Ideologie«, die sich, wie er sagt, vor »faßbaren Lehren hütet«, dafür aber umso wirksamer und allgemeiner »in die Sprache gerutscht« ist. Existenzphilosophen à la Heidegger und Jaspers haben dafür den Ton angegeben, einen »hohen Ton«, der, so Adorno, verantwortlich sei für das, was »aus der Verlogenheit des Vulgärjargons widerhallt«. Adorno sagt: »Daß jene Sprache tatsächlich Ideologie, gesellschaftlich notwendiger Schein sei, läßt immanent sich aufdecken am Widerspruch zwischen ihrem Wie und ihrem Was.« Diesen Nachweis liefert Adorno, indem er zentrale Textstellen des existentialistischen Hochjargons minutiös auf ihre gesellschaftlichen Bedingungen untersucht. Was er herausbekommt, ist nichts anderes als die Erkenntnis, daß der Jargon der Eigentlichkeit »eine zeitgemäße Gestalt der Unwahrheit im jüngsten Deutschland« ist.

Was meint Adorno mit »Eigentlichkeit«? Er macht den Begriff

fest an dem sprachlichen Gebaren eines Kreises von Philosophen, Soziologen und Theologen, die in den zwanziger Jahren aus Unmut über den noch dominierenden philosophischen Idealismus einer »positiven Theologie« sich zuwandten. Das waren Leute, denen es weniger »um den Wahrheitsgehalt von Offenbarung« gegangen sei, »als um Gesinnung«, der sie den Vorrang vor »autonomem Denken« einräumten. »Die Vereinigten«, so charakterisiert sie Adorno, »waren anti-intellektuelle Intellektuelle«, die davor zurückschreckten, »ihre Reflexion zu reflektieren … als hätte der kritische Gedanke kein objektives Fundament, sondern wäre subjektive Verfehlung.« – »Ketzer tauften den Kreis die Eigentlichen.«

Heidegger habe dann, 1927, in *Sein und Zeit* Eigentlichkeit und Uneigentlichkeit auf theoretisch höherem Niveau »existentialontologisch, als fachphilosophisches Stichwort« eingeführt. Er habe »energisch in Philosophie gegossen, wofür die Eigentlichen minder theoretisch eifern, und dadurch alle gewonnen, die auf jene vag ansprechen …« Nicht zuletzt Heideggers eigentümlich raunende Sprachqualität, die suggerieren wolle, als töne in ihr das Sein unmittelbar selber, habe ihm große Gefolgschaft gesichert; er sei sprachlich, gleichsam zu herabgesetzten Preisen, mehr nachgeahmt als inhaltlich verstanden worden. So sei die Sprache der Eigentlichkeit zum Jargon verkommen, zum Kultus ihrer selbst, zu Ideologie. Was damit in den zwanziger Jahren aufkam, sei Ausdruck kommenden Unheils gewesen. »Der Faschismus«, so sagt Adorno, »war nicht bloß die Verschwörung, die er auch war, sondern entsprang in einer mächtigen gesellschaftlichen Entwicklungstendenz. Die Sprache gewährt ihm Asyl; in ihr äußert das fortschwelende Unheil sich so, als wäre es das Heil.«

Noch immer, schreibt Adorno Mitte der fünfziger Jahre, »wird in Deutschland ein Jargon der Eigentlichkeit gesprochen, mehr noch geschrieben, Kennmarke vergesellschafteter Erwähltheit, edel und anheimelnd in eins; Untersprache als Obersprache. Er erstreckt sich von der Philosophie und Theologie nicht bloß Evangelischer Akademien über die Pädagogik, über Volkshochschulen und Jugendbünde bis zur gehobenen Redeweise von Deputierten aus Wirtschaft und Verwaltung. Während er überfließt von der Prätention tiefen menschlichen Angerührtseins, ist er unterdessen so standardisiert wie die Welt, die er offiziell verneint; teils infolge eines Massenerfolgs, teils auch weil er seine Botschaft durch seine pure Beschaffenheit automatisch setzt und sie dadurch absperrt von der Erfahrung, die ihn beseelen soll.« Nicht nur die »marktgängigen Edelsubstantive« des Jargons gelte es als solche dingfest zu machen – also etwa »Auftrag«, »Anruf«, »Begegnung«, »echtes Gespräch«, »Anliegen«, »Bindung«, die alle so tun, als äußere sich der so Sprechende als Dolmetsch eines Höheren oder auch wurzelhaft Tieferen, sondern worauf es ankomme, sei, »ihrer Sprachfunktion im Jargon nachzugehen«. Adorno sagt: »Die Worte werden zu solchen des Jargons erst durch die Konstellation, die sie verleugnen, durch die Gebärde der Einzigkeit jedes einzelnen davon … ›Aussage‹ etwa will (darin) glauben machen, die Existenz des Redenden teile sich zugleich mit der Sache mit und verleihe dieser ihre Würde; ohne diesen Überschuß des Redenden, läßt er durchblicken, wäre die Rede schon uneigentlich, die reine Rücksicht des Ausdrucks auf die Sache ein Sündenfall. Demagogischen Zwecken ist dies Formale günstig. Der des Jargons Kundige braucht nicht zu sagen, was er denkt, nicht einmal recht es zu denken; das nimmt der Jargon ihm ab und entwertet den Gedanken. Eigentlich: kernig sei, daß der ganze Mensch rede … Die Gestimmtheit des Jargons hat etwas von Augurenernst, beliebig verschworen mit jeglichem Geweihten.« Adorno nennt die »Stichwörter des Jargons der Eigentlichkeit Verfallserscheinungen der Aura«, und er zitiert Richard Wagner, der schlechte Kunst als »Wirkung ohne Ursache« definierte. Der Jargon sei »grundlos stolz auf seine Schlichtheit«, und wo er sich spreizt, überführe er »sich seiner selbst im Geschwollenen.« Latent Faschistisches durchwabere den Jargon, dessen »purer Ton von Positivität« triefe, »ohne daß er sich herablassen müßte, für allzu Vorbelastetes zu plädieren«. Und wo er sich belasteter Begriffe bediene, handele es sich in der Regel um solche, denen ein traditionell hohes Quantum an unreflektierter Würde eigne: etwa – und das wäre in der Tat aktuellster politischer Anschauungsunterricht – die Preisung von »Vaterlandsliebe auch wenn das jeweilige Vaterland die äußersten Schandtaten deckt«.

Genug der Charakterisierung, die Adorno dem Jargon der Eigentlichkeit angedeihen läßt. Es geht ihm – Kritik hin, Polemik her – um das im Jargon vorherrschende Mißverhältnis von Ausdruck und Wahrheit. Wahrheit stellt sich für Adorno durch die Kongruenz von Sprachgestalt und Sprachgehalt her, wobei beide

Momente sich an dem zu legitimieren haben, was nach dem historischen Stundenschlag an Wahrheitserkenntnis möglich ist. Lassen Sie mich Ihnen nun an einigen Beispielen zeigen, wie Adorno textkritisch verfährt. Er zitiert aus Karl Jaspers' *Die geistige Situation der Zeit* (1931):»Wahrhaft kann in der Welt nur bleiben, wer aus einem Positiven lebt, das er in jedem Fall nur durch Bindung hat.« Natürlich muß so etwas für den Philosophen der Negativität ein Greuel sein, denn in dem Satz von Jaspers dankt kritisches Denken schlicht ab, indem es sich einem buchstäblich Vor-Gesetzten, bloß zu Glaubenden unterwirft. Vollends den weitergehenden Umstand, daß Jaspers mit Positivität die»eines Seins in geschichtlicher Gestalt als Ausgang und Maß« meint, kann Adorno unmöglich akzeptieren. Für ihn ist die geschichtliche Gestalt des Seins – in Heideggers Terminologie das Seiende – alles andere als positiv. Zeitgeschichtliche Erfahrungen – Stichworte: Faschismus, Stalinismus – geben ihm recht. Jaspers' Buch ist *vor* Hitler geschrieben. Was nun aber, wenn einer die geschichtliche Gestalt des Seins noch nach ihm, *nach* dem Grauen des Faschismus preist? Im Jahre 1956 erschien Otto Friedrich Bollnows Buch *Neue Geborgenheit*. Adorno zitiert daraus die folgende Passage: Es erscheint Bollnow»besonders bedeutsam, daß sich in der Dichtung, vor allem in der Lyrik der letzten Jahre nach all den Erfahrungen des Schreckens ein neues Gefühl der Seinsbejahung abzuzeichnen beginnt, eine freudige und dankbare Zustimmung zum eigenen Dasein des Menschen, so wie es ist, und zur Welt, wie sie ihm begegnet. Insbesondere auf zwei dieser Dichter soll hier kurz hingewiesen werden: auf Rilke und Bergengruen. Bergengruens letzter Gedichtband *Die heile Welt* (München 1950) schließt mit dem Bekenntnis: ›*Was aus Schmerzen kam, war Vorübergang. Und mein Ohr vernahm nichts als Lobgesang.*‹ »Es ist also«, erläutert Bollnow, »ein Gefühl dankbarer Zustimmung zum Dasein ... Bergengruen berührt sich in diesem Gefühl einer tiefen Dankbarkeit mit Rilke, der am Abschluß seines Weges ebenfalls sagen kann: ›Alles atmet und dankt. O ihr Nöte der Nacht, wie ihr spurlos versankt.‹« Soweit also das Zitat aus Bollnows *Neuer Geborgenheit*. Wie reagiert nun Adorno auf so etwas? Seine Ideologiekritik ist unerbittlich. Er schreibt:»Der Band von Bergengruen ist nur ein paar Jahre jünger als die Zeit, da man Juden, die man nicht gründlich genug vergast hatte, lebend ins Feuer warf, wo sie das Bewußt-

sein wiederfanden und schrien.« Doch, so Adorno weiter: »...
der Dichter ... und der philosophisch gestimmte Pädagoge ...
vernahmen nichts als Lobgesang.«
Durch drastische Konfrontation des Gesagten mit dem, wovon es
sich absperrt, überführt Adorno das Gesagte der inneren Unwahrheit. Das traditionell »schön« Gesagte stellt sich heraus als
Lüge. In seiner *Ästhetischen Theorie* formuliert er seine kritische
Methode sehr genau wie folgt: »Haftet allem Gefühl vom ästhetischen Objekt, nach Hegels Einsicht, ein Zufälliges an, meist die
psychologische Projektion, so fordert es vom Betrachter Erkenntnis, und zwar eine von Gerechtigkeit: es will, daß man seiner Wahrheit und Unwahrheit inne werde.«
Kitsch ist Kunst, die ihren Wahrheitsanspruch verrät. Kunst ist
nach Adorno immer in der Gefahr, Kitsch zu werden. Bergengruen und sein Lobredner Bollnow hatten kein Sensorium für
»die geschichtliche Veränderung des Wahrheitsgehalts von Aus-
drucksmitteln« *(Ästhetische Theorie)*. Ganz anders dagegen Paul
Celan; dessen Lyrik ist, so Adorno, »durchdrungen von der
Scham der Kunst angesichts des wie der Erfahrung so der Sublimierung sich entziehenden Leids. Celans Gedichte wollen das
äußerste Entsetzen durch Verschweigen sagen. Ihr Wahrheitsgehalt selbst wird ein Negatives ... Die unendliche Diskretion«, mit
der Celan verfährt, »wächst seiner Kraft zu. Die Sprache des
Leblosen wird zum letzten Trost über den jeglichen Sinnes verlu-
stigen Tod.«
Es ging Adorno, als er sich im *Jargon der Eigentlichkeit* mit Bollnow beschäftigte, primär nicht um Bergengruens Lyrik, die Bollnow für sich reklamiert, sondern um jene Philosophie, die ihm
unmittelbarer Ausdruck eines falschen Wahrheitsbewußtseins
ist. Wenn Bollnow von der »inneren Verfassung des Menschen«
als einer spricht, deren Bestimmung ein – wie er sagt – »getroster
Mut« sei, woraus sich die Aufgabe ergebe, »das Wesen dieser
Seelenverfassung auf seine Möglichkeiten hin zu untersuchen«,
so erteilt Adorno die Antwort: »Für diese Aufgabe, die angesichts des Entsetzens nicht einmal mehr durch ihre Komik ver-
söhnt, hat Bollnow den besten aller möglichen Namen gefunden,
Seinsgläubigkeit.« Die damit gesetzte »Geborgenheit«, die sich
den Teufel schert um die Leiden der Opfer, ist für Adorno Ausdruck eines unwahren Denkens, mitleidslos und ohne Sensibilität
für das, was den Menschen angetan wurde und wird. »Das«, so

Adorno, »hinterläßt seine Spur im geschändeten Wort: Reminiszenz ans Eingehegte und sicher Umgrenzte ist gekettet an jenes Moment bornierter Partikularität, das aus sich heraus das Unheil erneuert, vor dem keiner geborgen ist.«

Lassen Sie mich jetzt noch einige wenige Beispiele anführen, in denen sich Adorno kritisch mit Texten von Martin Heidegger befaßt. Es handelt sich um Passagen aus kleineren Schriften, die das dokumentieren, was Heidegger selbst einmal die »Pracht des Schlichten« nannte. Diese Formulierung findet man in dem Aufsatz *Aus der Erfahrung des Denkens* (1954), in dem er darüber sinniert, ob einem poetisierenden Denken die Erfahrung von Seinsnähe nicht eher möglich sei als begrifflichem Philosophieren. »Der Dichtungscharakter des Denkens«, so Heidegger, »ist noch verhüllt.« Und so dichtet er dann: »Wälder lagern/Bäche stürzen/Felsen dauern/Regen rinnt./Fluren warten/Brunnen quellen/Winde wohnen/Segen sinnt.« Adorno zu dieser alliterierenden Naturemphase: »Die Erneuerung des Denkens durch veraltete Sprache richtet sich an dieser.«

Aus Heideggers Aufsatz »Warum bleiben wir in der Provinz?« zitiert Adorno: »Wenn in tiefer Winternacht ein wilder Schneesturm mit seinen Stößen um die Hütte rast und alles verhängt und verhüllt, dann ist die hohe Zeit der Philosophie. Ihr Fragen muß dann einfach und wesentlich werden.« Adorno entlarvt das als philosophischen Kitsch: »Ob Fragen wesentlich sind, darüber läßt allenfalls nach der Antwort sich urteilen, es läßt sich nicht vorwegnehmen und schon gar nicht nach dem Maß einer meteorologischen Ereignissen nachgebildeten Einfachheit; sie besagt so wenig über die Wahrheit wie ihr Gegenteil; Kant, Hegel waren so kompliziert und so einfach, wie der Gehalt es ihnen aufnötigte. Heidegger aber unterstellt prästabilisierte Harmonie zwischen wesentlichem Gehalt und heimeligem Geraune.«

Nächstes Beispiel – eines mit zunehmender Tendenz zu schollenverbundener Bodenständigkeit: »Neulich bekam ich den zweiten Ruf an die Universität Berlin. Bei einer solchen Gelegenheit ziehe ich mich aus der Stadt auf die Hütte zurück. Ich höre, was die Berge und die Wälder und die Bauernhöfe sagen. Ich komme dabei zu meinem alten Freund, einem 75jährigen Bauern. Er hat von dem Berliner Ruf in der Zeitung gelesen. Was wird er sagen? Er schiebt langsam den sicheren Blick seiner Augen in den meinen, hält den Mund straff geschlossen, legt mir seine treu-bedächtige Hand auf die Schulter und – schüttelt kaum merklich den Kopf. Das will sagen: unerbittlich Nein!«

Adorno dazu: »Während der Philosoph bei anderen Blubo-Freunden die Reklame für den Blubo beanstandet, die sein Monopol beeinträchtigen könnte, artet seine reflektierte Unreflektiertheit zum sich anbiedernden Geschwätz aus angesichts der landwirtschaftlichen Umgebung, mit der man auf vertrautem Fuß stehen will. Die Beschreibung des alten Bauern mahnt an die ausgelaugtesten Klischees von Schollenromanen aus der Zone Frenssens nicht weniger als das Lob der Schweigsamkeit, die der Philosoph nicht nur seinen Bauern sondern auch sich bescheinigt. Was eine nicht auf die muffigen Instinkte des deutschen Kleinbürgerkitschs eingestimmte Literatur – zumal der französische Realismus von Balzacs Spätwerk bis Maupassant – zur Kenntnis der Bauern beibrachte, wird ignoriert … Das Kleinbauerntum dankt seine Fortexistenz einzig Gnadengeschenken jener Tauschgesellschaft, der ihr Grund und Boden dem bloßen Schein nach enthoben ist; vor dem Tausch haben sie nur noch ein Schlechteres voraus, die unmittelbare Ausbeutung der Familie, ohne die sie bankrott wären: dies Ausgehöhlte, die Dauerkrise kleinbäuerlicher Betriebe, hat in der Hohlheit des Jargons sein Echo.«

In dem Essay *Der Feldweg* schreibt Heidegger – ebenfalls im Blubo-Stil:»Der Mensch versucht vergeblich, durch sein Planen den Erdball in eine Ordnung zu bringen, wenn er nicht dem Zuspruch des Feldweges eingeordnet ist.« Adorno: Hier also wieder »das Bauernsymbol aus sechster Hand als Beweisstück von Ursprünglichkeit«.

Genug der Beispiele, ich versuche zu resümieren: Heideggers unstillbarer Hang, geschichtlich Zurückgebliebenes, »vergangene vorarbeitsteilige Formen der Vergesellschaftung« (Adorno), romantisierend als Metaphern für ein heiles Ursprüngliches zu reklamieren, um so dem eigenen Denken unmittelbaren Kontakt zum Wesen des Seins zu verschaffen, ist schlicht Ideologie. Die sprachliche Gestalt ist dementsprechend eine Form von Kitsch – Ausdruck von Unwahrheit. Vilém Flusser hat das sehr zu recht, wenn auch ohne Betonung des sozialkritischen Aspekts, das Heimischmachen von Zurückgebliebenem in der Gegenwart genannt. Das kann nur auf Kosten der Zukunft gehen.

Ich breche hier ab. Meine Absicht war anzudeuten, daß der von

Adorno dingfest gemachte philosophische Kitsch aus demselben Grund Kitsch ist wie der literarische, wie Kitsch überhaupt. Sein grundlegendes Merkmal liegt darin, daß sich Unwahrheit als Wahrheit gebärdet. Der Wahrheitsgehalt eines Werkes ist dem abzuspüren, was an Erkenntnis geschichtlich möglich ist. Die Autonomie von Kunst ist immer nur Anspruch, nie schon sicher Gewonnenes. Das gilt auch von Philosophie. Der Wahrheitsgehalt von Kunst und Philosophie hängt davon ab, wie weit sie gemäß dem gesellschaftlichen Erfahrungspotential avanciert sind. Zurückgebliebenes ist – wie immer es sich die Attitüde von Moderne geben mag – weder Kunst noch Philosophie, sondern Kitsch.

Kunst, die sich »künstlich« zurückbeugt, buchstäblich sich herabläßt, um dem zurückgebliebenen Allgemeinen sich anzupassen, ist Verrat am Möglichen. Adorno formuliert in der *Ästhetischen Theorie* ganz radikal: »Daß niedrige Kunst, Unterhaltung selbstverständlich und gesellschaftlich legitim sei, ist Ideologie; jene Selbstverständlichkeit ist allein Ausdruck der Allgegenwart von Repression.« Ich glaube nicht, daß Adorno des elitären Hochmuts gegenüber den kulturell Unterprivilegierten zu bezichtigen ist. Im Gegenteil:»Kunst«, so sagt er, »achtet die Massen, indem sie ihnen gegenübertritt als dem, was sie sein könnten, anstatt ihnen in ihrer entwürdigten Gestalt sich anzupassen.«

Kitsch, und damit will ich schließen, hat für Adorno freilich auch ein positives Moment: er verlangt nach andauernder Korrektur. Das entsprechende Schlußwort sei Adorno selbst überlassen, er schreibt in der *Ästhetischen Theorie:* »Nichts von der Kritik am Kitsch ist nachzulassen, aber sie greift über auf Kunst als solche. Auflehnung gegen ihre apriorische Affinität zum Kitsch war eines ihrer wesentlichen Entwicklungsgesetze in ihrer jüngsten Geschichte. Es hat Teil am Verfall der Werke. Was Kunst war, kann Kitsch werden. Vielleicht ist diese Verfallsgeschichte, eine der Berichtigung von Kunst, ihr wahrer Fortschritt.«

CARLO MONGARDINI

Kultur, Subjekt, Kitsch

Auf dem Weg in die Kitschgesellschaft

I

Es gibt eine Reihe von Phänomenen, die in der deutschen Sprache in dem Begriff »Kitsch«, zusammengefaßt sind und für die nur wenige andere Sprachen einen äquivalenten Ausdruck gefunden haben. Sie umfassen nicht nur die Herstellung und den Konsum von Gegenständen schlechten Geschmacks, sondern auch die Haltung und die Intention, mit der sich die Menschen diesen Dingen zuwenden, die Emotionen, die sie darin suchen und die Ansprüche, die sie sich damit erfüllen. In Italien wurde in diesem Zusammenhang oft von »schlechtem Geschmack« gesprochen, was aber weder die Spontaneität noch die Nuancen des deutschen Wortes »Kitsch« widergibt.

Den Kitsch in all seinen Erscheinungen gibt es in allen Kulturen, wenn auch in unterschiedlichen Dimensionen. Manchmal handelt es sich um Randerscheinungen, die durch kleine gesellschaftlich isolierte Gruppen ausgelöst werden, anderswo um essentielle Erscheinungen einer bestimmten Kultur, die einen geschichtlichen Zeitraum prägen oder eine vorherrschende Tendenz in der Entwicklung des Zeitgeschmacks darstellen. Welchen Stellenwert der Kitsch in einer Kultur auch hat, es wäre ein großer Irrtum, wenn man diesem Phänomen *nur* eine ästhetische Bedeutung beimessen wollte, ohne sich um die soziologischen Faktoren zu kümmern, durch die es ausgelöst wurde. Wir wollen nun diesen Faktoren unsere besondere Aufmerksamkeit zuwenden und versuchen zu klären, unter welchen Bedingungen der Kitsch sich verbreitet und im Laufe der gesellschaftlichen Entwicklung durchsetzt.

Andenken, Souvenirs und Orden sind Objekte der Daseinsvergewisserung, um die Leere an existentiellen Werten auszufüllen. Deutsche Hausbar 1985

Mehr noch als durch den »schlechten Geschmack« ist der Kitsch in seiner sozialen Dimension bedingt durch eine Haltung völliger Interesselosigkeit des Einzelnen gegenüber kulturellen und sozialen Werten und durch die, allen Übergangsphasen eigene, verstärkte Distanz von eben diesen Werten. Charakteristisch für diese Übergangsphasen ist das Bewußtsein von Dekadenz einerseits und der Wunsch andererseits, kulturelle Inhalte zu schaffen, die dem Einzelnen Anregungen geben und Gemeinsamkeiten herstellen können. Gleichzeitig soll die Zeit festgehalten werden, die unaufhaltsam und unproduktiv davonläuft.

So bietet der Kitsch sowohl Anziehung als auch Zerstreuung, Attraktion und Flucht aus der Realität mit Hilfe von kulturellen Gegenständen und Formen, die auf den Überresten oder nebensächlichen Elementen eben dieser Realität aufgebaut sind. In einer Gesellschaft, die sich ihrer eigenen Inhaltslosigkeit zwar bewußt ist, sich aber gleichzeitig oberflächlich und gleichgültig verhält, ist die Neigung zum Kitsch Ausdruck einer Apathie gegenüber den sozialen Werten, und die Vorliebe für die Erzeugnisse einer Massenproduktion und die Banalität des Alltäglichen drückt den Wunsch des Einzelnen aus, sich nicht zu engagieren und im Kollektiv unterzutauchen, bar jeden Gefühls für die Notwendigkeit, Ausdrucksformen für die eigene Individualität zu finden. Sicher ist der Kitsch das Ergebnis des schlechten Geschmacks, den er noch weiter verschlechtert und der ebenso schwer zu definieren ist wie der Ausdruck »Kitsch« selbst. In seinen zahlreichen Erscheinungsformen verursacht er eine Vielzahl von Phänomenen, die nur schwer zu isolieren und in ihre Komponenten zu zerlegen sind.

Das erste charakteristische Element in dieser Vielfalt von Phänomenen, die hier ohne Anspruch auf Vollständigkeit analysiert werden sollen, ist die enge Beziehung zwischen dem kitschigen Objekt oder Ausdruck und den Personen, die es herstellen oder gebrauchen. Diese Beziehung erscheint schon auf den ersten Blick vollkommen anders als die eines Künstlers oder Kunstfreundes zu einem Kunstwerk. Beim Kitsch ist der Gegenstand wie *abgewertetes Geld*: er hat keine eigene Kraft, er bleibt ein Symbol der Vermittlung und des Austausches zwischen dem *Willen, eine bestimmte Wirkung zu erzielen und aufzuzwingen* und dem *Wunsch, eine Anregung zu bekommen*, die man für geeignet hält, das eigene emotionale Defizit auszugleichen und zwar

durch, für das System lebenswichtige, Lügen und kleine Gefühle.• So wie die Abwertung einer Währung die kritische Lage einer Wirtschaft spiegelt, so gibt der Kitsch schwierige Momente in der Entwicklung kultureller Werte wider, die den Einsatz von Falschgeld notwendig machen sowie die Zuflucht zum Irrealen oder zu Kompensationseffekten durch *übertriebene Darstellungen, die oft an eine überladene Landschaft erinnern.* Beim Kitsch hat also der Gegenstand selbst geringe Bedeutung: er ist Mittel für rein oberflächliche Reize. In dem Maße, in dem der Gegenstand eine verfälschte Wirklichkeit darstellt, ist er ein Zeichen für die Befindlichkeit des Menschen in Zeiten der Dekadenz und der Krise und der Tendenz, das Wirkliche auszulöschen, lächerlich zu machen oder davor zu flüchten. Im Austausch von Dingen schlechten Geschmacks liegt auf jeden Fall der Wille, Erfahrungen zu vergessen: wie die Masken und der Karneval vor der Fa-

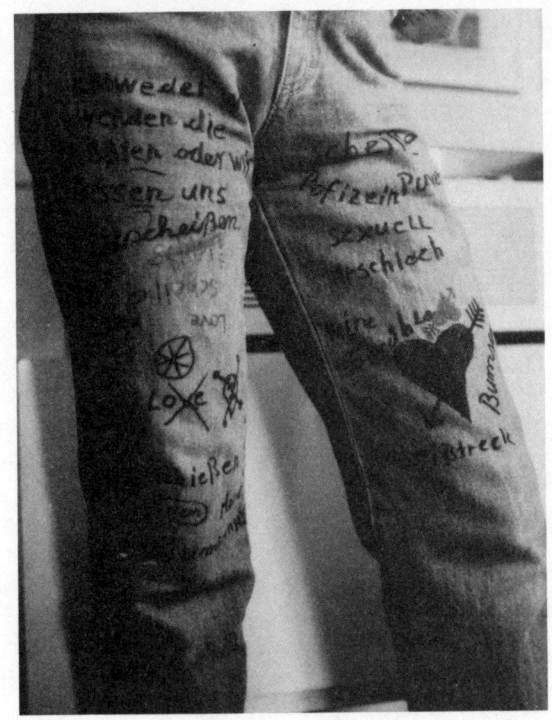

Realität im real existierenden Sozialismus. Die Teekanne, aus dem Sortiment nationaler Kitschartikel, verheißt die richtige Gesinnung. (Abb. links)
Ohnmacht und Unsicherheit. Kitsch überbrückt den Mangel an Reproduktion verschwommener Gefühle.

stenzeit, sollen diese Dinge den *Druck der Wirklichkeit* mindern und als Ausflucht und Droge dienen, um die Leere an existenziellen Werten auszufüllen.

Das erste soziologische Merkmal des Kitsches ist also das einer besonderen *Art von Kommunikation* zwischen den Personen, deren Kompensationseffekt dem bestimmter Träume gegenüber der Realität entspricht. Auf der einen Seite besteht der Wunsch, durch die Gefühle eine voraussehbare, vorgefertigte Wirkung zu erzielen, auf der anderen der, einen Anreiz zu empfangen, der die Leere des täglichen Lebens auszufüllen, verschleiern sowie Illusionen schaffen kann. Im Kitsch will der Konsument auf keinen Fall seine eigene Innenwelt entdecken. Er sucht nur bestimmte Empfindungen – Erstaunen, Verwunderung, Schrecken, Lachen, Weinen – und glaubt, in ihnen liege der ästhetische Genuß. Aus diesem Grunde ist die Definition des Kitsches von Hermann

Broch als Übel im Wertsystem der Kunst und als »das Böse« einer allgemeinen Falschheit des Lebens äußerst einseitig und im wesentlichen ungenau. Der Kitsch ist jenseits von Gut und Böse: er ist Selbsttäuschung, kompensierende Illusion, durch die der Mensch den Mangel an ethisch-ästhetischen Werten überbrückt, die nur durch eine neue Subjektivität wiederbelebt werden können. Der Kitsch ist eine *Konvention innerhalb einer Gemeinschaft,* die mit Hilfe der Ausschußmaterialien einer Kultur und innerhalb von Tradition und Alltäglichkeit moralische und ästhetische Prinzipien parodiert: Moral und Ästhetik der Schwachen, die von ihrer eigenen Schwachheit gequält werden.

Der Kitsch kann also einerseits als Randerscheinung einer Kultur betrachtet werden, die an bestimmte Ereignisse der Isolierung und des Protestes geknüpft ist. Er kann jedoch auch eine bedeutsame, weit verbreitete Erscheinung sein. In egalitären Geschichtsepochen zum Beispiel, d.h. da, wo eine Massenkultur entsteht, in der mystifizierende oder tröstende Anreize gebraucht werden, verbreitet sich der Kitsch. Der Kitsch findet dort fruchtbaren Boden, bestimmt das tägliche Leben und er vermag es, bestimmte spielerische, religiöse, politische oder erotische Reaktionen hervorzurufen, die den Anforderungen des Massenmenschen genügen. Der Kitsch gibt ihm das Gefühl, eine besondere moralische und ästhetische Erfahrung zu machen.

Doch gibt es keine Kultur ohne Individualität und ständige Erneuerung der Ausdrucksformen. Der Verbreitung des Kitsches in der Massenkultur steht daher immer die Bildung avantgardistischer Zirkel, Elitegruppen und Sekten gegenüber, die auf der Suche nach neuen Werten sind. Der mangelnden ästhethischen Distanz des Kitsches setzen sie die Raffiniertheit des Unberechenbaren, dem Sentimentalismus das reine Denken, der gewollten Verfälschung den scheinbaren Unsinn surrealistischer Bilder, dem kalkulierten Anreiz die freie Phantasie entgegen.

Produzenten von Kitsch und avantgardistische Gruppen bewegen sich also in entgegengesetzte Richtungen und sind doch innerhalb einer Kultur eng miteinander verbunden. Zwischen ihnen findet sogar eine Art Austausch statt. Der Kitsch verwendet oft die Hinterlassenschaft der Kunst, die Avantgarde die des Kitsches. Auf der einen Seite reißt der Kitsch die Kunstwerke der Vergangenheit in seinen Verkaufsmechanismus mit hinein, auf der anderen sucht die Avantgarde im Kitsch ein unbewußt vorhandenes Fragment, auf dem sie die Verbreitung neuer Werte aufbauen kann. Es kommt so zu zwei parallellaufenden Entwicklungsprozessen: der Verkitschung etwa eines großen Romans durch eine Fernsehinszenierung oder die Verwendung eines berühmten Gemäldes in der Werbung, andererseits die oft nach Generationen vorgenommene Neubewertung von Elementen des Kitsches, die ursprünglich keinerlei künstlerischen Wert hatten. Als Ausdruck einer Epoche der Dekadenz der Werte ist der Kitsch die Folge von Ohnmacht und Unsicherheit des Menschen. Er ist das Ergebnis der Angst vor der Leere, er ist Deckmantel, Maske und eine bestimmte Art und Weise, die Wirklichkeit abzulehnen. Wie bei allen Massenerscheinungen, die mit den primitiven Charakterzügen des Menschen zu tun haben, spielen auch in der Natur und im Gebrauch des Kitsches eine Reihe von Ängsten eine Rolle, die sich in fast allen Erscheinungsformen dieses Phänomens widerspiegeln: Angst vor der Individualisierung, weshalb die Anerkennung durch den Kitsch immer einen Kollektivcharakter hat und oft von der Imitation ausgeht, Angst vor der Vergänglichkeit und der Zukunft, weshalb der Reiz des kitschigen Gegenstandes oft vor der Endlichkeit der Zeit und der Unsicherheit der Zukunft abschirmen soll; Angst vor der Wahrheit und der Wirklichkeit, weshalb die falsche Darstellung durch den Kitsch, der Selbstbetrug und die Lüge, die in ihm enthalten sind, auch das Bedürfnis des Menschen nach Illusionen befriedigen soll.

Doch der Kitsch soll nicht nur die Angst des Menschen in der Masse verschleiern, sondern auch die Wirklichkeit manipulieren. In dieser Funktion wird er fast zur Magie. Die Manipulation der Wirklichkeit ist für den Kitsch in erster Linie die *Manipulation der Zeit:* ein Aspekt, der um so bedeutsamer ist, als der Wert der Zeit in der modernen Gesellschaft ständig steigt. Wie kommt es, daß die Zeit in der heutigen Gesellschaft eine so wichtige Rolle spielt? Wahrscheinlich haben die Produktionsbedingungen der Industriegesellschaft dazu beigetragen, dem Faktor Zeit seinen heutigen Stellenwert zu verschaffen. Vielleicht aber gehen wir einer kulturellen Entwicklung entgegen, bei der der Wert der Zeit die materiellen Werte ablösen wird. Schon heute ist die Unzufriedenheit über den Zeitmangel und die Zeitverteilung – jedenfalls in der westlichen Welt – größer als die über die Verteilung anderer Güter. Der Wert der Zeit wird immer größer. Vor allem wird die immer knapper zur Verfügung stehende Zeit in unserer sogenannten Informationsgesellschaft von den Gruppen und den sozialen und wirtschaftlichen Kräften kolonisiert, die die Aufmerksamkeit des Einzelnen auf sich lenken wollen. Hier wird nun die Funktion des Kitsches für die Zukunft besonders bedeutsam und wichtig als Medium, das die Zeit abkürzt oder festhält. Der Kitsch als reiner Anreiz ist eine Kurzbotschaft, die Komplexität ausklammert und, statt der Vernunft, das Irrationale anspricht. In seiner Eindimensionalität blockiert er das Denken. Hier wird noch einmal der Unterschied zum Kunstwerk deutlich. Während das Kunstwerk die Intuition der Komplexität ist, dargestellt durch einfache Ausdrucksmittel, ist der Kitsch die Vereinfachung der Komplexität durch Ausdrucksformen, die die unmittelbarsten und banalsten Aspekte der Erfahrung in eine Darstellung übertragen, in der sich magische Intention und Traumbilder treffen. Deutlich fungiert der Kitsch auch als einschränkender Faktor für das Verständnis von Vergangenheit und Zukunft. Im Kitsch wird die historische Entwicklung zur Gegenwart reduziert; das Geschichtsbewußtsein nimmt in dem gleichen Maße ab wie die Fähigkeit die Zukunft zu denken und zu gestalten. Durch den Kitsch wird die Vergangenheit zum Roman oder Märchen, die Zukunft vergoldet oder zur »Katastrophenvision«, mit einer realistischen Einschätzung der Wirklichkeit hat das nichts mehr zu tun. Bei diachronischer Betrachtung ist der Kitsch also ungeschiedenes Denken, in dem die Phantasie, angeregt durch die Wünsche, die Wirklichkeit ersetzt. Der Kitsch sucht nicht, entdeckt nicht und schlägt nicht vor: Er faßt zusammen, vereinfacht, vereinheitlicht, fetischisiert. Deshalb fixiert er die Tradition und überträgt die Religiosität auf die Banalität des täglichen Lebens. Als Allheilmittel *gegen* die Zeit hat der Kitsch vielleicht eine große befreiende und dionysische Wirkung.

II

Wenn der Kitsch als soziales Produkt an bestimmte, historisch analysierbare Zusammenhänge gebunden ist, so handelt es sich dabei vor allem um solche, in denen das Individuelle überwiegend ausgeschlossen ist, die Objektivierung des Austausches den Vorrang hat vor der Partizipation, und die kulturellen Produkte nicht mehr dazu dienen, die Intelligenz und die Reflexion anzuregen. Eine Gesellschaft, die zur Objektivierung der gesellschaftlichen Beziehungen tendiert, ist auch eine *Gesellschaft der Gleichgültigkeit,* in der vorwiegend oberflächliche Anreize geboten werden, die den Instinkt des primitiven Menschen wachrufen. In diesem Zusammenhang wird der Kitsch zur kulturellen Kategorie, die mit Pseudo-Objekten Anreize schafft. Die *Pseudoobjekte* haben einen geringen Realwert, sind aber reich an allegorischen Bedeutungen und Verlockungen. Diese Bedeutungen verursachen Regression, eine Rückentwicklung und Selbsttäuschung der Phantasie. Diese findet darin eine angebliche Befriedigung tiefer, unterdrückter Wünsche durch die Flucht aus der Realität. Als Kommunikationsmittel in einer Massengesellschaft ist der Kitsch an die typischen Erscheinungen dieser Gesellschaft gebunden. Er hängt ab von der *Mode,* die sich oft seiner bemächtigt und ihn sozusagen »salonfähig« macht und somit zu einem Instrument der gemeinsamen Indentifizierung. Er ist gebunden an die *Massenmedien,* die mit Kitsch ihr bevorzugtes Kommunikationsmittel gefunden haben, weil er die Mitteilung verkürzt und den Empfänger nur oberflächlich erreicht. Er fasziniert und lenkt gleichzeitig ab. Der Kitsch gehört zur wirtschaftlichen und industriellen Produktion, weil er sich leicht *in Serie* herstellen läßt und einem Rationalitätsprinzip angepaßt werden kann, bei dem die Qualität durch Quantität ersetzt ist. Er ist Teil eines *Kollektivverhaltens,* das die Gleichgültigkeit mit der Ästhetik der Täuschung verbindet. Diese drückt pseudogemeinschaftliche Verhaltensweisen aus. Im Prinzip ist sie eine magische Aggregation zugunsten der kulturellen Formen. Kitsch ist schließlich auch gebunden an die gängigen *Sitten,* an die von Kulturvermittlern tradierten Zeichen, in denen sich die Wünsche der Massen objektivieren. Ein Multiplikator des Erfolges des Kitsches in der heutigen Gesellschaft ist sicher die Tatsache, daß die Tendenz zu Veränderungen und zur sozialen Mobilität immer größer geworden ist. Im Zeichen der immer knapper werdenden Zeit aber ist eine reflektierte Interpretation der Veränderungen und der Mobilität nicht mehr möglich. Der Kitsch als Übergangswert ersetzt diese Interpretation als ungeschiedenes Denken, als Surrogat von Realität, als Möglichkeit einer schnellen und gefühlsbetonten Darstellung. Er ist Moral, Ästhetik und Anregung für das tägliche Leben und bleibt gleichzeitig fixiert und isoliert in der Zeit. Deshalb steigert sich die Produktion des Kitsches mit der sozialen Entwicklung und der zunehmenden Mobilität, mit der Objektivierung des gesellschaftlichen Lebens, das sich auf die einfache Formel des »Do ut des« bringen läßt.

Doch bleibt der Kitsch nicht an der Oberfläche der Gegenstände, der individuellen Beziehungen und der kulturellen Formen. *Er dringt in die Persönlichkeit des Einzelnen ein,* stellt seine Gefühle bloß und stellt sie dar. Das, was als »gefühlt« interpretiert wird, wird durch die Phantasie generalisiert und verallgemeinert dargestellt. Der Kitsch wird zum Fetisch und drängt sich auf als Klischee, das verbreitet werden muß, als Gebrauchsanleitung für den Umgang mit sich selbst im täglichen Leben. Mit der Fetischisierung der Gefühle trägt er so zum Prozeß der Verdinglichung und der Vermarktung des Menschen bei. Jede Lebenserfahrung wird noch einmal verarbeitet zu einem synthetischen Produkt, einer *Chemie der Geistigkeit des Menschen.* Alles wird dem Einzelnen von außen wieder zurückerstattet, damit er davon Gebrauch mache, wie von jedem anderen Produkt der Massengesellschaft auch. Man braucht nur die Fernsehberichte über schmerzliche und tragische Ereignisse zu sehen, die wie Unterhaltungssendungen aufgezogen werden. Sie sollen den Zuschauer daran gewöhnen, die »echten« Bilder ebenso zu konsumieren wie die gestellten, Wirklichkeit und Phantasie zu vermengen und sich selbst als Objekt und Darsteller eines großen Spektakels zu betrachten.

III

An diese extreme Anwendung des Kitsches ist ein anderer Fragenkomplex geknüpft. Läuft eine Gesellschaft, in der sich der Kitsch immer mehr ausbreitet und sogar bis in die Intimsphäre des einzelnen vordringt, Gefahr, sich zu einer Kitsch-Gesellschaft zu entwickeln, die sich selbst auf immer dekadentere Art darstellt und sich als Fertigprodukt benutzt, um primitive Instinkte zu befriedigen und sich billige Illusionen zu verschaffen? Verbirgt die Informationsgesellschaft, die ausgesprochen rationale Verhaltensweisen voraussetzt, nicht die große Gefahr einer illusionistischen Selbstdarstellung, in der der Einzelne Sklave des eigenen Fetischismus wird?

Jede Gesellschaft lebt mit ihrem eigenen Image, ihrer Vorstellung von Zukunft und Vergangenheit. Im modernen Leben aber

92

wird das Image zur Darstellung und zum Spektakel: Es muß Spiel sein, Attraktion, Horror und Vergnügen. In diesem Zusammenhang wird das Image unreflektiertes Denken, es wird zur *Magie des Kitsches*. Hinter dem, was einige Soziologen als Übergang von der Produktionsgesellschaft zur sogenannten Kommunikations- oder Darstellungsgesellschaft bezeichnen, lauert also die Gefahr Kitsch. Der Gedanke der Modernität wird zum »Willen zur Modernität um jeden Preis«, das heißt, zur Suche nach Reizen mit Fertigeffekten, zur Jagd auf den Konsumenten, zum Verkauf von Fetischen.

Hatte der deutsche Soziologe Georg Simmel also recht, als er behauptete, daß der Fetischismus, den Marx den wirtschaftlichen Produkten der Epoche der Warenproduktion zuschrieb, nur ein besonderer Aspekt unserer Kulturinhalte sei? In unserem Falle war der Fetischismus der Kulturgegenstände und -ereignisse die Voraussetzung für eine Gesellschaft des Spektakels. Sie stellt sich selbst als kitschig dar und ist überzeugt, daß der ethische und ästhetische Nutzen des Lebens aus dieser Betrachtung gezogen werden kann. Noch einmal hat sich die Kultur, deren einziges Ziel die Objektivierung der Beziehungen war, in der von Simmel aufgezeigten Richtung entwickelt. Er schrieb, daß in der Karikatur endet, wer Neues schafft, ohne an die kulturelle Bedeutung zu denken, sondern nur an die durch die ihm selbst innewohnende Idee begrenzte, objektive Bedeutung eines Werkes oder einer Technik. In einem unmerklichen Übergang von einer rein objektiven Logik der Entwicklung kommt man zu einer »lebensfremden Spezialisierung der technischen Selbstausnutzung, die den Weg zum Subjekt nicht mehr findet«.

Die Kitsch-Gesellschaft ist das späte Ergebnis eines Entfremdungsprozesses des Einzelnen und der Selbstfetischisierung des Sozialen. Der Einzelne, der immer neuen, stärkeren Impulsen der Gesellschaft ausgesetzt ist, hat durch eine *wachsende Gleichgültigkeit* gegenüber dem Kollektivleben darauf reagiert, auch wenn er damit nur teilweise das schwierige Problem der bedrückenden Realität gelöst hat. Die Gesellschaft, die sich selbst als Spektakel darstellt, kann jedoch die Gleichgültigkeit überwinden und gleichzeitig die bedrückende Wirklichkeit abschwächen, indem sie diese objektiviert. Doch gleitet die Gesellschaft des Spektakels, die keine dauerhaften Werte bietet und mit raschen Veränderungen rechnen muß, leicht in eine Kitsch-Gesellschaft ab.

Die »Informationsgesellschaft« ist nur ein Etikett: die Rationalisierung oder, wenn man will, die *ideologische Formel* für die Verschleierung der Kitsch-Gesellschaft. Das Image der Informationsgesellschaft ist das einer sich selbst darstellenden Gesellschaft. Doch die Wiedergabe des Lebens in Daten oder Informationen befriedigt den ständigen Wunsch des Menschen nach Werten und die Notwendigkeit der Darstellung und des ungeschiedenen Denkens der Massen nicht. Daher ersetzt das Bild die Information, das ungeschiedene Denken die Reflexion, und der Mythos, der die Macht umgibt, ersetzt das kritische Denken. Der kleine, in der Masse verlorene Mensch kann sich vielleicht für die Daten interessieren, in die man seine Welt zerlegen kann; aber er wird immer verzweifelt nach einem *Bild* suchen, durch das er sie wieder zusammensetzen kann und durch das er sich mit seiner Umwelt *identifizieren* und sein emotionales Defizit überbrücken kann. Gerade deshalb verbirgt sich im Heiligtum der Information, wie in den ägyptischen Tempeln, der alles verschlingende Gott Kitsch-Gesellschaft. Es ist die Gesellschaft der Abgötterei ohne Statuen, die der Phantasie ein Monument errichtet. Indem sie sich selbst darstellt, entledigt sie sich allmählich all ihrer Inhalte: das Mittel wird zum Zweck, die Darstellung zum Kitsch.

Die Kitsch-Gesellschaft ist also der Endpunkt der *Vermassung des Individuums* und der *Kolonisierung der Zeit* durch den sozialen Leviathan. Die ihrer Individualität beraubten gesellschaftlichen Formen entwickeln sich gleichermaßen zum Kitsch wie die rein formalen künstlerischen Formen ohne die menschliche Subjektivität. So werden auch die katastrophale Zukunft und die *Demokratie der Angst,* die uns regiert, zur Handelsware und zur verkitschten Darstellung.

Außer dem Kitsch gibt es nur die Bemühungen extrem starker Individualitäten, die jenseits aller, durch den Kitsch verstärkt verbreiteten Konvention und Identität neue Wege öffnen auf der Suche nach den ewigen Werten des Menschen.

VICENTE ROMANO

Macht, Kult und Kitsch

Das spanische Beispiel

I

Die Realität, man weiß es, ist komplex und vielseitig. Ihre Kenntnis verlangt ständige Analyse. Der Kitsch aber arbeitet als Darstellungsform mit Stereotypen. In diesem Sinne ist der Kitsch unproportionierte Vereinfachung von heterogenen Elementen. Das Stereotyp ist Reduktion. Als solches trägt es nicht zur Bewußtseinserweiterung bei, d. h. zum Erkennen von Wirklichkeit, und infolgedessen nicht zu ihrer Beherrschung und Veränderung im Sinne der Erweiterung des menschlichen Freiheitsbereiches. Macht und Kult, insbesondere in ihren autoritären Formen, sind immer an Vereinfachung und an Stereotypen interessiert, an der undifferenzierten Gegenüberstellung von Weiß und Schwarz, Gut und Böse, von Freund und Feind, Zivilisation und Barbarei, Rechtgläubigkeit und Ketzerei. Daher die enge Beziehung zwischen Macht, Kult und Kitsch.

Im folgenden werden wir versuchen, die soziopolitischen Zusammenhänge zwischen Macht und Kult durch den spanischen religiösen Kitsch zu analysieren. Der religiöse Kult war immer in Spanien mit der Macht eng verbunden, besonders während der Diktatur Francos. Das Ergebnis dieser Verbindung ist die massenhafte Herstellung eines eigentümlich nationalen religiösen Kitsches gewesen.

Wo religiöser Kitsch und Macht zusammentreffen, ist immer eine klare erzieherische Absicht im Spiel: die Bildung und Entwicklung einer bestimmten Persönlichkeitsform. Die Untersuchung dieser erzieherischen und kommunikativen Funktion kann dazu beitragen, nicht nur den sozialen Hintergrund der Kitschproduktion, sondern auch die Ultra-Ideologien zu verstehen. Ich werde meine Darstellung mit einigen Beispielen illustrieren.

*Das Geld an der Tunika, sein Bildnis in der Tasche. Im spanischen Dorf
Cambados ist San Benetino der Schutzheilige für alle Fälle. (Abb. links)
Spanischer Osterbrauch: »Semana Santa« in Cordoba 1980. Die Symbiose
von Kult- und Staatsmacht hat überdauert und lebt unter demokratischen
Verhältnissen weiter.*

In seiner künstlerischen Perspektive pflegt man den Kitsch als »falsche Kunst«, zu definieren. Man trennt ihn so von der »wahren Kunst«. Ernst Cassirer, für den die Kunst eine symbolische Form der Kultur war, teilte der wahren Kunst die Aufgabe zu, die Struktur der Realität zu durchdringen. Die Kunst und der Künstler helfen mit, das Bewußtsein zu erweitern und diejenigen Aspekte der Realität transparent zu machen, die dem Laien verborgen bleiben. Die gnoseologische Seite der Kunst als Erkenntnismittel schließt eine Analyse ihrer Zusammenhänge mit der Wirklichkeit, ihrer Bindungen an das Leben ein. Den sozialen Charakter der Kunst zu enthüllen, bedeutet also, ihren Platz im sozialen Leben zu zeigen. Wir begreifen das künstlerische Schaffen als eine Aktivität, die sich leidenschaftlich für das Schicksal der Menschheit, für das Individuum und dessen Beziehungen zur Welt interessiert. Eine solche Auffassung von Kunst bestätigt den Triumph des Lebens und den hohen Sinn der menschlichen Existenz im Kunst*werk*, nicht im Künstler.

Als spezifische Form der Auslegung und Widerspiegelung der Realität ist die Kunst eine bestimmte Art von Denken, Erkennen und sozialem Bewußtsein. Die Strukturen der sinnlichen Auslegung von Wirklichkeit machen den Bereich der Ästhetik aus. Erfahrung sagt uns, daß die Schönheit eine objektive Eigenschaft ist, auch wenn es sich um eine Subjekt-Objekt-Beziehung handelt. (Wir werden nicht schöner, wenn wir ein schönes Objekt anschauen.) Sie ist objektiv, weil sie außerhalb unserer selbst ist und sozial.

Nun haben aber – wie der englische Kritiker Ch. Caudwell sagt – die Menschen sich nicht darüber geeinigt, was schön sei. Im Gegenteil: in jeder Epoche halten die Menschen unterschiedliche Objekte für schön. Die Menschen wählen nicht nur aus, sie stellen auch verschieden schöne Objekte her. Trotzdem werden auch die Objekte, die die vorigen Generationen schön fanden oder machten, als solche von den Nachgeborenen akzeptiert.

Andererseits entstehen Kunstwerke und haben einen sozialen Wert, wenn eine Notwendigkeit für sie besteht. Kunst verliert aber ihren Wert, wenn sie in der Absicht produziert wird, mit überflüssigen und künstlichen Gegenständen einen *scheinbaren Massenbedarf* zu befriedigen.

»Kitsch«, schreibt Arnold Hauser, »entsteht aus dem Glauben an die Belanglosigkeit der sozialen Gegensätze und dem leichtferti-

Mißbrauch religiöser Gefühle und Symbole. Die enge und unverhohlene Zusammenarbeit von Kirche und Staat während des Bürgerkrieges und der Franco-Diktatur.

gen Optimismus, daß man sich aus einer Gesellschaftsklasse in die andere, aus der Welt der Illusionen in die Realität, aus dem Bereich der Träume ins Schlaraffenland der Erfüllungen ohne weiteres begeben kann. Der Film, in welchem der Direktor seine Sekretärin einfach wegen ihrer Unschuld heiratet, und der Roman, der als der Weisheit letzten Schluß verkündet, daß ›jeder seines Glückes Schmied ist‹, können als Idealtypen der auf der Sozialromantik basierenden kitschigen Kunst betrachtet werden. Kitsch ist, wie hoch er auch seine Ansprüche stellen mag, Pseudo-Kunst, Kunst in billiger, süßlicher, rührseliger Form, verfälschte, verlogene Darstellung der Wirklichkeit. (*Soziologie der Kunst*, München 1978[2])«

II

Die Diktaturen von Mussolini, Hitler, Stalin und Franco förderten nicht die Kunst, sondern den Kitsch, d. h. einen unwürdigen Sentimentalismus und niedrige Gefühle. Es ist deshalb nicht verwunderlich, daß A. Hauser den Untergang der abendländischen Kultur als »Entästhetisierung« versteht. Künstlerische Tätigkeit verträgt sich nicht mit diktatorischen Systemen.
Definiert man den Kitsch als falsche Massenkunst, d. h. als eine Kunst, die für die Massen hergestellt, von ihnen konsumiert wird, aber ohne deren Teilhabe an der Herstellung, dann stellt sich die Frage nach seiner sozialen Bedeutung und seinen verschiedenen Äußerungen. Zu den spezifischen Zügen dieser Art von Kunst rechnet man folgende:
1. den nicht problematischen Charakter; 2. die Flucht aus der Realität; 3. das Sentimentalische, süß oder/und sauer; 4. den Unterhaltungsdrang; 5. den schlechten Geschmack; 6. das Hervorrufen von fixen Assoziationen und Stereotypen; 7. die Absicht, das Bewußtsein konform zu machen.
Es gibt eine Reihe von kritischen Analysen zu diesem Themenkomplex (E. Ackerknecht, H. Broch, G. Dorfles. L. Giesz, A. Hauser, B. Herzog, A. Moles). Ich könnte in diesem Zusammenhang aber keine spanischen Namen nennen, schon gar nicht, wo es sich um das Phänomen des religiösen Kitsches handelt. Religionskritik ist in Spanien noch immer tabu. Sie hat ihre Risiken. So mußte z. B. die bisher einzige wissenschaftliche Untersuchung

der religiösen Erziehung und deren Folgen für Spanien unter Pseudonym veröffentlicht werden. Es handelt sich um das Buch *Educación religiosa y alienación* von Toribio Pérez de Arganta, Madrid 1983. Eine Arbeit wie *Kitsch und Christenleben* von R. Egenter (1950) ist in Spanien bis heute undenkbar. Vom spanischen Gesichtspunkt aus kann man die Entrüstung des deutschen Moraltheologen verstehen, der den Kitsch als Zeichen der Erbsünde betrachtet und als Mittel, die Massen von der Erlösung fernzuhalten. Egenters Kritiker, Bert Herzog, behauptet seinerseits, daß »der Kitsch immer ein Ergebnis falschen Erlebens, einer oft in der Tiefe fehlgeleiteten verrationalisierten oder sentimentalisierten Religiosität (besonders des einfachen Volkes) ist«. Man ist sich also darüber einig, den Kitsch als schlechten Ersatz der Kunst zu bezeichnen, der falsche Gefühle hervorbringt und die Flucht aus dem Alltag erleichtert. Diese Definition kann auf den Menschen übertragen werden, der mit dem Kitsch lebt, und so spricht man vom »Kitschmenschen«, wobei man besonders die sogenannte kleinbürgerliche Mentalität im Auge hat. Was Spanien betrifft, so ist der Kitsch, vor allem der religiöse, für viele Menschen einer der wesentlichsten Berührungspunkte mit Objekten, die in ihren Augen Schönheit beanspruchen. Achtzig Prozent der spanischen Bevölkerung hat niemals ein Museum besucht, und neunzig Prozent ist nie im Theater gewesen (vgl. V. Romano, *Introducción al periodismo. Información y conciencia*, Teide, Barcelona (1984). Wenn diese Menschen ein Bild der Jungfrau Maria oder des Heiligen Herzens für ihr Schlafzimmer erwerben, ein frommes Bild oder ein Kruzifix kaufen, so tun sie es in der Überzeugung, etwas Hübsches, wenn nicht gar Schönes erworben zu haben. Der Vorwurf der Ignoranz wäre ungerecht gegenüber denen, die keine Bildung erhalten haben. Sie wissen es nicht besser. Man darf sie nicht dafür abkanzeln, wie Ortega dies getan hat, sondern muß die Verantwortlichkeit in den sozialpolitischen Zusammenhängen des Kitsches suchen.

III

Die Verbindung von Kirche und Staat in Spanien ist allgemein bekannt. Ihre Zusammenarbeit war aber niemals so eng und so unverhohlen wie während des Bürgerkriegs 1936-39 und der Zeit der Franco-Diktatur, die ihm folgte und bis 1977 bestand. Die spanische katholische Kirche nahm aktiv teil am brudermörderischen Kampf. Sie rechtfertigte den faschistischen Angriff gegen das spanische Volk als »glorreichen Kreuzzug«. Ironischerweise wurde dieser »Kreuzzug« mit Hilfe von maurischen und nazistischen Söldnern geführt. Franco wurde »Caudillo von Spanien von Gottes Gnaden«. Betrat er eine Kirche, so hielten Priester den Baldachin über ihn. Man hat sogar versucht, ihn zu kanonisieren. Während der Diktatur gab es keine Trennung zwischen Staat und Kirche. Religiöser Kult und Staatsmacht waren identisch.

Als Gegenleistung für die gewährte Hilfe erhielt die katholische Kirche den Nationalkatholizismus als Staatslehre, zusammen mit dem Nationalsyndikalismus und der Ideenwelt der Falange. Auf diese Weise wurde die nationalistische (nicht ökumenische) katholische Doktrin Zwangslehre von der Grundschule bis zur Universität. Während der ersten beiden Jahrzehnte der Diktatur hatte die Kirche praktisch das Monopol im Schulwesen. Noch heute liegen vierzig Prozent des Grund- und Mittelschulunterrichts in den Händen der kirchlichen Orden. Zugleich muß man an den Mißbrauch erinnern, den die politischen Organisationen des Francostaates mit den religiösen Gefühlen und Symbolen trieben. Es ist daher nicht überflüssig, einige Züge dieser Lehre zu betrachten, um den religiösen spanischen Kitsch politisch besser zu verstehen.

Der spanische Nationalkatholizismus besteht darauf, affektive menschliche Beziehungen zu vernichten, um sie in eine intime »Kommunikation« mit Gott zu sublimieren. Die Welt wird als ein Jammertal dargestellt. Sie war es ja tatsächlich während des spanischen Bürgerkriegs und danach mit den Tausenden von Erschießungen, den überfüllten Gefängnissen und dem allgemeinen Elend! Unter diesen Umständen war es nicht schwierig, Kinder und Jugendliche davon zu überzeugen, daß diese Welt von Mächten des Bösen beherrscht sei, und daß deren Zurückweisung und die Selbstverleugnung eine unerläßliche Bedingung sei, um das ewige Heil zu erlangen.

Die Zurückweisung der Welt und das Starren aufs Jenseits haben notwendigerweise eine Geringschätzung des Menschen zur Folge und damit einiger seiner edelsten und schönsten Geistesgaben und Errungenschaften: Verstand, Affekt, Vernunft, die Freiheit, die Kunst, die Wissenschaft, das Humane also. Eine solche Geringschätzung mündet leicht in menschenfeindliche Extrempositionen und terroristische Haltungen, wie etwa heute den Messianismus der ETA.

Wir wissen, daß der Mensch das Produkt seiner persönlichen und gesellschaftlichen Beziehungen ist. Die persönlichen affektiven Beziehungen sind es gerade, die in der frühen Kindheit die Persönlichkeit prägen. Ein Kind lernt zu lieben, indem es geliebt wird. Jede persönliche Beziehung modelliert das Bewußtsein und das Verhalten im Gefühl und durch die Sprache, mit dem »reversible de la comunicación«, der Gegenseitigkeit der Mitteilung, wie Eloy Terrón sagt. Die Gegenseitigkeit und die Solidarität fördern nicht nur die Intelligenz, sie sind Voraussetzung für alle Interaktion mit anderen und der Welt, für Erkenntnis und Wissen. Ein solches dynamisches Verhältnis erzeugt alle gesellschaftlichen Produkte, alle menschlichen Werte. Ohne persönliche affektive und dialogische Beziehung verliert der Mensch seine Menschlichkeit. Er wird gesellschaftlich verstümmelt und seelisch krank.

Da es unmöglich ist, alle zwischenmenschlichen Beziehungen zu vernichten, wird von seiten der Kirche versucht, diese in persönliche Beziehungen zu Gott zu sublimieren. Die Personifizierung Gottes in Jesus Christus, vertraulicher in Jesus, erleichtert dies. Daß er von einer Frau geboren wurde, unter Menschen aufwuchs, mit ihnen lebte und unter ihnen starb, ermöglicht die Vorstellung *persönlicher Beziehungen* zu ihm, direkt oder durch die Vermittlung der Jungfrau Maria und der Heiligen. Die Menschwerdung Gottes öffnet die Tür zu intimen und freundschaftlichen Beziehungen mit ihm – für Kinder, Jugendliche und Erwachsene. Zwischenmenschliche Kommunikation wird also durch mystische Kommunikation mit Gott ersetzt.

Aber diese direkte Kommunikation mit Gott kann heterodoxe Abweichungen verursachen. Daher das Beharren des Klerus auf Ohrenbeichte und Kommunion. Auf diese Weise setzt der Herrsch- und Kontrollmechanismus des Beichtvaters als Direktor des Gewissens ein. Diese Kleriker sind autorisierte Vermittler zwischen Gott und den Menschen. Das mystische Selbstgespräch wird so zum kontrollierten und geleiteten Dialog. Wer dem Beichtvater das Gewissen öffnet, verzichtet damit auf seine eigene Entscheidungsfähigkeit und übergibt sich Gott, d. h. seinen Vermittlern auf Erden. Die Absicht der Kirche ist klar: zu erreichen, daß die Männer und Frauen sich in ihrem Wollen, Denken und Fühlen ganz der Obrigkeit ergeben. Es handelt sich also, wenn uns der Vergleich erlaubt ist, darum, Wächter in die Seelen zu bringen. Das ist selbstverständlich viel billiger, als Polizei- und Zensurorgane zu bezahlen. Wir haben es hier mit einer despotischen und inhumanen Manipulation zu tun, die, wie Toribio Pérez behauptet, wesentliche, den Menschen ausmachende Attribute negiert: die Freiheit, die schöpferische Initiative, die Verantwortung. Eine trennende Nächstenliebe, verschleiert durch sentimentales Mitleid, ersetzt die menschliche Solidarität.

IV

Der Sentimentalität des religiösen Kitsches liegt also die intimistische Tendenz zugrunde, nahe und freundschaftliche Beziehungen zu Jesus, der Jungfrau Maria, den Schutzengeln und den übrigen Vermittlern herzustellen. Der Zwang zur Sublimierung zwischenmenschlicher Beziehungen und Affekte hat zur Folge, daß diese auf die von Menschen gemachten Dinge übertragen werden: auf Bild und Kunstdrucke, auf fromme Lektüren und Heiligenlegenden usw. Damit erklärt sich, daß die spanische Kirche eine ganze Reihe von Kitschäußerungen zugelassen und gefördert hat, die in anderen Ländern schwer zu finden sind, sogar in katholischen:
die politische Ausgestaltung der Messen zur *Präsentation der Herrschaft;* die zahlreichen öffentlichen und kollektiven Versöhnungsfeierlichkeiten mit dem Heiligen Herzen und der Jungfrau, aufwendig inszeniert mit Kerzen, Schleiern und Mantillas, Kirchenfahnen, Bildnissen, Militärkapellen usw. *zur sozialen Kontrolle;* die Phantasmagorie eines unterdrückten und hungernden Volkes, das durch die Straßen wallt und öffentlich für seine Sünden um Vergebung bittet, zur *Selbsterniedrigung der Massen.*
Man kann A. Moles paraphrasieren und sagen, daß die Religion und die religiöse Kunst Spaniens in einer Kitschsituation waren und zum Teil noch sind. Der religiöse Kitsch begleitet die Spanier von der Geburt bis zum Tod. Er gehört zur Volkstradition und wird als Touristenattraktion ausgenutzt. Obwohl nach dem II. Vatikanischen Konzil und dem Beginn der Demokratie 1977

nach dem Tode Francos einige der auffälligsten und chauvinistischsten Kitschäußerungen langsam verschwunden sind, haben zahllose Formen des religiösen Kitsches überdauert. Einige von ihnen seien hier beschrieben:
Bei der Geburt eines Kindes pflegt man dem Säugling ein »Deténte« (eine Art Hängeschmuck aus Gold und Silber für die Reichen, aus Stoff für die Armen) umzuhängen. Ins Innere steckt man ein Papierchen mit der Inschrift: »Deténte, enemigo, el Sagrado Corazón está conmigo« oder ein Blättchen mit einer miniaturisierten Stelle aus einem Evangelium. Die Absicht ist, das Kind vor Feinden und bösen Geistern zu schützen.
Bei der Taufe, die eine richtige Kitschzeremonie sein kann, erhält das Kind eine kleine Goldmedaille, die es mit sich trägt, bis es größer wird und die Medaille durch eine andere ersetzt wird. Wenn es zu sprechen beginnt, werden ihm kleine Gebete an das Kind Jesus und an seinen Schutzengel beigebracht. Der Tag der ersten Kommunion wird fast wie eine Hochzeit gefeiert. Die Jungen sind in eine der mannigfaltigen Uniformen der spanischen Streitkräfte gekleidet oder in Ordenstracht. Die Mädchen tragen weiße Brautkleider. Zur Standardausstattung gehört normalerweise ein kleines Gebetbuch mit Perlmutterdeckeln, vergoldetem Rücken, zweifarbig gedruckt, doch können die Kinder es noch nicht lesen. Wichtig ist der hübsche Effekt. Zusammen mit dem Andachtsbuch gibt es einen Rosenkranz aus Silber und eine Sammlung kleiner frommer Bilddrucke, die unter die Familie und die Gäste verteilt werden. Das typische Geschenk ist eine goldene Medaille mit dem Bild der Jungfrau auf der einen Seite und dem Heiligen Herzen auf der anderen. Die Armen erhalten eine billige Ausgabe davon. Die erste Kommunion trifft meistens mit einem Frühlingsfest, wie Pfingsten oder Fronleichnam, zusammen. Mit ihren Uniformen und Trachten aufgeputzt und mit einer Kerze in der Hand marschieren die Kinder dann in der Mitte der Prozessionen.
Während der Schulzeit – Jungen und Mädchen streng getrennt – tauschen die Kinder fromme Drucke aus, durch die sie ihre Gefühle zu äußern versuchen, wenn auch sublimiert. Eines der Hauptandachtsbücher war und ist die *Imitatio Christi* von Thomas von Kempen, in zierlichen miniaturisierten Ausgaben. Die Teilnahme der Kinder an Rosenkranzgebeten, Novenen, Kreuzwegandachten und sonstigen religiösen Veranstaltungen ist eine

Konstante über das ganze Jahr. In der Pubertät spielt der Jungfrauenkult eine große Rolle mit massenhaften Reproduktionen von Darstellungen der Unbefleckten Empfängnis von Murillo. Im großen und ganzen entspricht dieser Kult der intimen Idee des Weiblichen bei einem Teil der Spanier, zumindest dem Ideal der Frau, das von der Kirche propagiert wird. Das Bild der »süßen Jungfrau« schmückt die Schlafzimmer vieler armer und kleinbürgerlicher Heime. Die vorher erwähnte Seelenmanipulation macht, daß der religiöse Kitsch im Innersten des Hauses aufgestellt wird: Kruzifixe, Bilder der Jungfrau oder des Heiligen Herzens und Heiligenbilder zieren die Bettgestelle und die Nachttische.

Die volkstümliche Heiligenbildnerei, mit einem Schutzheiligen für jeden Beruf und für alle Notfälle des Lebens, nimmt in Spanien mannigfaltige Formen an. Da ist z. B. San Pancracio, verantwortlich für Gesundheit und Arbeit. Heute erfreut er sich einer großen Verehrung. Arbeitslose beten zu ihm oder tragen sein Bild in der Tasche. Ähnlich ist es mit San Benitiño, der im Dorf Cambados verehrt und in Prozessionen herumgetragen wird mit seiner Tunika, bedeckt von Geldscheinen. Viele ausländische Banknoten bezeugen den Dank von Gastarbeitern! Galicia, eines der rückständigsten Gebiete Spaniens, besitzt einen ungeheueren Reichtum an Kult und Aberglauben im Volk. In San Andrés de Teixido z. B. tragen die Kinder alljährlich in der Prozession einen kleinen weißen Sarg mit sich, der reich verziert ist und in dessen Innerem in hübschen Totenkleidern ein lebendes Kind liegt, das wunderbarerweise eine ernste Krankheit überlebt hat.

Die bekannteste Kundgebung des spanischen religiösen Kitsches sind aber wohl die großen Prozessionen der Karwoche, die »pasos«: Prunkvoll geschmückt ziehen sie stundenlang durch die Straßen der Dörfer und Städte. Bildnisse und Statuengruppen stellen in pathetischem Realismus die Stationen der Leidensgeschichte Christi dar. Häufig nehmen als Nazarener verkleidete Büßer an diesen Umzügen teil. Sie tragen Holzkreuze und Ketten, andere peitschen sich öffentlich, bis sie bluten. Die Inszenierung wird vollkommen durch die vielen Kerzen, die Gruppen »römischer Soldaten« und die Militärkapellen. Die größten und prächtigsten Prozessionen werden dem ganzen Land durch Radio und Fernsehen vermittelt.

Besonders erwähnenswert ist auch der Reliquienkult. Der Caudillo trug immer die Hand der heiligen Teresa bei sich! Das Übermaß an religiösem Eifer während der Francozeit reichte bis zum obligatorischen Imprimatur für Kochbücher und der Verstümmelung der Penisse klassischer Skulpturen im Archäologischen Museum von Sevilla. Die abgeschnittenen Teile hat man sorgfältig in einer Kiste verpackt und beschriftet. Der Lebenskreis des religiösen Kitsches schließt sich in Spanien mit dem Kitsch um den Tod, dem Kitsch um die letzten Ehren und die Friedhöfe.

V

Allgemein kann man sagen, daß es einen *inneren*, heimlichen, einen Herzenskitsch gibt, zugehörig den ärmeren Schichten der Bevölkerung. Daneben gibt es den *äußeren*, ritualistischen auffälligen Kitsch. Er ist den kleinbürgerlichen und reicheren Schichten näher. Hierzu sollte man auch die ostentative Verkitschung vieler Spanier rechnen, die sich nicht politisch verdächtig machen wollten während der Francozeit. Mancher Verkäufer von Kitschdrucken hat heimlich oppositionelle Flugblätter vertrieben.

Nach dem II. Vatikanischen Konzil und dem wirtschaftlichen Aufschwung der sechziger Jahre sind einige Veränderungen eingetreten, die das Panorama des spanischen Kitsches allmählich modifizieren. Die neuen liturgischen Formen haben viele religiöse Traditionen gebrochen oder doch zumindest in ihrer Bewertung verändert. Langsam verschwindet die Naivität der Menschen. Im Zeichen der Industrialisierung und der gewandelten Konsumgewohnheiten mildert sich der Einfluß der Kirche. Mit der Demokratie treten andere Kommunikationsformen auf, die der Persönlichkeitsentfaltung förderlicher sind. Was freilich die »elektronische Revolution« der Produktionsverhältnisse bringt, ist abzusehen, wie Carlo Mongardini ausführt.

In unserer Gesellschaft überleben symbolische Kräfte, die kritischer Deutung und öffentlicher Kontrolle bedürfen. Es handelt sich um die Mittel, durch welche wenige Menschen viele Menschen beherrschen. Die Massenkommunikationsmittel haben nicht so sehr dazu beigetragen, die Kultur zu demokratisieren wie dazu, sie zu vereinheitlichen. Kulturelle Demokratie bedeutet aber vor allem aktive Mitwirkung an Kultur und nicht nur deren Konsum.

Die Verbreitung der Kunst und der ästhetischen Werte erweitert den Bereich der geistigen Interessen wie die gesellschaftlichen Beziehungen. Sie hilft, die Fähigkeiten und die schöpferischen Begabungen zu wecken und zu stärken. Die ästhetische Kommunikation ist ein effektives Mittel, um religiöse, politische und Rassenvorurteile zu überwinden und andere symbolische Schranken. Kitsch aber bringt Stereotypen in Umlauf, d. h. Vereinfachung, Verallgemeinerung und Standardisierung. Heute vor allem eine Kommerzialisierung von Gefühlen, verstärkt durch die Ängste der Menschen: die Angst, arbeitslos zu werden zum Beispiel, Angst vor einem atomaren Krieg, Lebensangst ganz allgemein. Wie in der Religion nimmt in der Politik die Angst Zuflucht zum Kitsch, zum Einfachen, nicht zum Differenzierten. Das heißt aber, die Lösung unserer Probleme anderen zu überlassen. Und wenn andere unsere Probleme übernehmen, können sie sie leicht in ihrem eigenen Interesse manipulieren. Deshalb sollten wir unsere Angelegenheiten selbst in die Hand nehmen und sie nicht in die Hände von Spezialisten geben oder sie einem neuen Klerus einfach überlassen. Selbstbestimmung bedeutet, sich von Ängsten zu befreien.

Kitsch erzeugt konformistisches Bewußtsein. Da das Bewußtsein ein Produkt von Aktion und Erfahrung ist, muß man andere soziale Verhältnisse schaffen, die es den Menschen erlauben, sich gegenseitig mit persönlichen Erfahrungen zu bereichern und keine »Ausbeutung ihrer Seelen« (Harry Pross) durch fremde Gewalten zu dulden.

MICHAEL HOFMANN

Medientechnologie, Medienrealität und Kitsch

I

Aufgrund der Fortschritte der elektronischen Medientechnologie nahm am 28. Juli 1984 eine Weltöffentlichkeit von über zwei Milliarden Menschen in der klassischen Einheit von Ort, Zeit und Handlung an einem magischen Ritual teil. Bei der Eröffnungsfeier der 23. Olympischen Sommerspiele in Los Angeles formten die 92 000 Zuschauer im städtischen Coliseum (!) durch Hochhalten farbiger Plastikschilder die Nationalflaggen der 140 Teilnehmerstaaten. Dieses einmalige »Ornament der Masse« (Kracauer) existierte nur als Medienrealität, synthetisiert aus den Totalaufnahmen der elektronischen Kameras an Bord dreier Luftschiffe, die über dem Olympia-Stadion kreisten. Der präsentative Symbolismus der Nationalflaggen und ein globales Verteilnetz für Farbfernsehsignale über geostationäre Satelliten ermöglichten es, den Mythos der Völkerfamilie, die abstrakte Gleichheit der Menschen zu beschwören, indem 92 000 Paar Arme auf Kommando identische Bewegungen ausführten. Im absoluten Sprachgebrauch der »Bild«-Zeitung ließ sich einem Millionen-Publikum der erfolgreiche Vollzug des Rituals auch diskursiv mitteilen. »Bild« vom 30. 7. 84 schrieb: »›Bild‹-Reporter Schmidt *war* ein Stückchen Philippinen.« Als allgemeinster Ausdruck der staatlichen Verfaßtheit der Weltbevölkerung haben sich die Nationalflaggen als Folge der europäischen Expansion insbesondere in den Kriegen seit der Französischen Revolution zu »Schlüsselsymbolen« entwickelt (Lasswell/Lerner/de Sola Pool). So repräsentieren sie in demokratisch legitimierten Staaten nicht nur den Volkssouverän, sie verkörpern ihn geradezu. Damit bilden sie den präsentativen Gegenpol zur diskursiven demokratischen Verfassung, die dem

Die Fahne inkarniert das Volk. Demokratische Praxis in der amerikanischen Alltagswirklichkeit: Magisches Flaggenritual (Chikago 1917).

conditionalen Sprachgebrauch entstammt:»Eine Hierarchie differenzierter Wertungen wird – zunächst literarisch – auf die Organisation der Gewalt übertragen. Die im Monarchen verkörperte Macht wird auf einen abstrakten Monarchen verteilt, das Volk. Sie verliert ihre Körperlichkeit und damit ihre unmittelbare Angreifbarkeit.«[1]

Im Gegensatz zur demokratischen Idee setzte sich in der demokratischen Praxis der Alltagswirklichkeit jedoch zunehmend ein magisches Flaggenritual durch. Wenn, wie in Chicago im Jahre 1917, strammstehende Soldaten ein wehendes Sternenbanner formen (s. Abb.), dann wird der »abstrakte Monarch« Volk vermittels der konkreten Allgemeinheit der Fahne nicht nur materialisiert, sondern auch repersonalisiert und darüber hinaus zugleich mystifiziert. Indem sie ihr demokratisches Selbstverständnis niedrig und ihre Fahne hochhält, wird die demokratische Macht wieder unmittelbar angreifbar. Dann verwandelt sich der Angriff auf die Fahne in magischer Weise in einen Angriff auf das Volk. Die blutigen, öffentlichen Auseinandersetzungen um die Fahne der USA zur Zeit des Krieges in Vietnam verdeutlichten dies nachdrücklich.

Umgekehrt kann durch das Feiern der Fahne das Volk sich selbst feiern. Durch das Aufrichten der US-Flagge richtete sich das amerikanische Volk mehrheitlich jeweils stolz wieder auf. Erst durch die Personalisierung des abstrakten Volkssouveräns werden Demokratie und Patriotismus vereinbar. Die demokratische Verfassung erscheint nunmehr z. B. als das nationale Erbe der Väter, deren Antlitz in den Mount Rushmore eingemeißelt wurde. Die Verwandlung der Alltagswirklichkeit in Medienrealität durch die Entfaltung der Medientechnologie verstärkt diesen Prozeß der Personalisierung bis hin zum qualitativen Umschlag in die elektronischen Images synthetischer demokratischer Führer des Volkes, deren Natürlichkeit jeweils durch ausgiebiges Händeschütteln hergestellt wird.

Mit den Ansätzen und Methoden der empirischen Kommunikationsforschung läßt sich heute überprüfen, in welchem Umfang die elektronischen Flaggenrituale der Olympischen Spiele die Mehrheit des amerikanischen Volkes in eine nationale Hochstimmung versetzten und ob diese positiven Images die negativen Fernsehbilder des Einholens der US-Fahne in Saigon und ihrer Verbrennung in Teheran auszulöschen vermochten.

Kitschproduktion in Los Angeles 1984: Auf Kommando des Stadionsprechers jeder Teil der Welt ein Teil des Festes. Das »Ornament der Masse« existierte nur als Medienrealität.

II

Die kognitive Grundlage magischer Rituale bildet das ungeschiedene Denken. Ohne die fehlende Unterscheidung von Sache und Hülle, von Zeichen und Bezeichnetem, gäbe es keine empirisch verifizierbaren Wirkungen politischer Symbolik. Die Voraussetzung des ungeschiedenen, magischen Denkens liegt in der Zeichenabhängigkeit des Menschen bei der Wahrnehmung subjektiver und objektiver Natur, in den individual- und sozialpsychologischen Bedingungen der menschlichen Verstrikkung in ein »Symbolnetz« (Cassirer). Denn die Verkehrungen und Widersprüchlichkeiten menschlicher Wahrnehmungs- und Denkprozesse lassen sich weder phylogenetisch aus der Biologie der Kommunikation noch anthropogenetisch aus einer Selbstkonstituierung des Menschen durch Arbeit hinreichend ableiten. Umgekehrt ist die Erarbeitung stets präziserer Zeichen als Gradmesser im Entwicklungsprozeß des menschlichen Erkenntnisvermögens, wie es sich im Kritik-, also im Unterscheidungsvermögen konkretisiert, kein notwendiges Resultat einer evolutionären Entfaltung der neurophysiologischen Ausstattung des Menschen. Sie hängt auch nicht notwendig von der »Herausdifferenzierung von Symbolbedeutungen aus Gegenstandsbedeutungen« (Holzkamp) im historischen Prozeß der Werkzeugherstellung ab. Darüber hinaus gelingt es auch nicht einer weiterreichenden Synthese der genannten phylogenetischen und anthropogenetischen Ableitungsansätze, dem eigenen Anspruch gemäß Entwicklungsnotwendigkeiten zu bestimmen.
Die Eigenbewegung kommunikativen Handelns, der Symbolarbeit des Menschen, sprengt offensichtlich die Modellvorstellung biologisch-kybernetischer wie dialektisch-materialistischer Systeme. Denn die ontogenetische Dimension der Entwicklung menschlicher Wahrnehmungs- und Denkprozesse läßt sich nicht auf einen »subjektiven Faktor« reduzieren, um sie als funktionale Größe in eine systemtheoretische Gleichung einfügen zu können. So geht, wie das olympische Flaggenritual illustriert, die für die Alltagswirklichkeit charakteristische Abkürzung diskursiver Unterscheidungsprozesse durch Präsentation hierarchisch gegliederter, wertbesetzter Symbole auf vorprädikative Erfahrungen des Individuums, wie z. B. die Erfahrung des Gegensatzes von »oben« und »unten«, zurück. Im menschlichen Flag-

113

Präsentativer Symbolismus der Nazis: Alfred Speers gigantischer Lichterdom, ein phantastisches Propagandaspektakel ersten Ranges, verwirklicht das »Licht der Arier« (A.W. Thöne) im magischen Ritual. Reichsparteitag der NSDAP 1937.

genornament von Los Angeles ragte das Sternenbanner durch die Plazierung (oben, zentralsymmetrisch angeordnet) heraus. Das olympische Feuer, dessen stählerner Unterbau alle Stadionaufbauten überragte, flammte als Höhepunkt des Eröffnungsrituals bei Sonnenuntergang auf.

Den phylogenetischen, ontogenetischen und anthropogenetischen Dimensionen der Zeichenabhängigkeit des Menschen entspricht in Bacons Klassifikation der Idole die Unterscheidung zwischen den Vorurteilen der Gattung, des Individuums und der Gesellschaft, die er konkret und bildhaft als Idole des Stammes (idola tribus), der Höhle (idola specus) und des Marktes (idola fori) bzw. des Theaters (idola theatri) faßt. Sein Erkenntnissprung bezüglich der Ursachen und Wirkungen magischen Denkens wies dem späteren Jahrhundert der Kritik die Richtung. Dieser Sprung läßt sich ebensowenig aus dem damaligen Stand der gesellschaftlichen Werkzeugherstellung ableiten wie die Erkenntnisleistung der Klassiker aus den Produktivkräften einer antiken Sklavenhaltergesellschaft. Das gilt auch für die Frage, ob bei der Erweiterung der primären durch die sekundären und tertiären Medien, also durch die Einführung der Druck- und der elektronischen Medientechnologie auf der Signalebene menschlicher Kommunikation, folglich auch auf deren Symbolebene Erkenntnisfortschritte möglich werden.

Eher legt die elektronische Medienrealität olympischer Rituale die Vermutung nahe, die Renaissance des religiösen, mythischen und magischen Denkens nach dem Scheitern der Französischen Revolution habe in der elektronischen Medientechnologie schließlich einen materiellen Zeichenträger gefunden, der nicht nur den jeweiligen präsentativen Symbolismus adäquat transportiert, sondern gar die Einmaligkeit der betreffenden Aura zu restaurieren vermag. Umgekehrt stand im Zeitraum zwischen Bacon und Kant der Entwicklung der Kritikfähigkeit, d. h. der erkenntnisorientierten Veränderung der kognitiven Zeichenrelation zwischen Zeichenproduktion, Objektbezug und interpretierendem Bewußtsein eine relative bis absolute Stagnation des materiellen Zeichenträgers, also des Drucks mit beweglichen Lettern gegenüber.

Medienrealität konstituiert sich somit durch ein widersprüchliches Verhältnis zwischen materiellem Zeichenträger und kognitiver Zeichenrelation, zwischen Signal- und Symbolebene der öf-

fentlichen Kommunikation. Abstrakt wird sie durch die Zeichenabhängigkeit des Menschen, konkret durch die medienspezifi-
sche Transformation gesellschaftlicher Vorurteile in der Geschichte bestimmt.

Unter den gesellschaftlichen Vorurteilen ragen die allgemeinen,
die Allgemeinplätze, nicht nur quantitativ, sondern auch qualita-
tiv heraus. Bacon nannte sie die Idole des Marktes, da sie infolge
»des Verkehrs und der Verbindung der Menschen« entstünden.
Ihre besondere Qualität liegt in ihrer *Symbolökonomie,* also der
erwähnten, für die Alltagswirklichkeit charakteristischen Abkürzung diskursiver Unterscheidungsprozesse durch Präsentation
hierarchisch gegliederter, wertbesetzter Symbole. Eine Stagnation in der Entwicklung des Bezeichnungs- und Erkenntnisvermögens ist die Folge: ». . .aber die Worte werden den Dingen
nach der Auffassung der Menge beigelegt, . . . diese trennt sie
nach den Richtungen, welche dem gewöhnlichen Sinne am auf-
fallendsten sind. Wenn dann ein schärferer Geist und eine ge-
nauere Beobachtung diese Bestimmungen ändern und mit der
Natur mehr in Übereinstimmung bringen will, so widerstehen die
Worte . . .«[2]

Die Symbolökonomie, die somit komplexe Zusammenhänge in
Natur und Gesellschaft zu Symbolhierarchien verkürzt, steht in
einer Traditionslinie, die bis in die Frühzeit magischen Denkens
zurückreicht. Beispielsweise wurden in der »Monte Alban«-Kul-
tur Mesoamerikas in der dritten Phase zwischen 200 und 900 n.
Chr. die Kultgegenstände in Einzelteilen aus Modeln gepreßt
und anschließend zusammengesetzt. Dies geschah nicht aus ökonomischen Gründen, sondern um den Erfolg des magischen Rituals durch die Verwendung identischer Fetische sicherzustellen.
Indem die Symbolökonomie die Entwicklung der kognitiven Zeichenrelation verlangsamt, beschleunigt sie zugleich die Symbol-
zirkulation. Aber durch die traditionelle Erstarrung der kognitiven Zeichenrelation in Topoi nimmt nicht nur die Häufigkeit ih-
res Austauschs zu. Dadurch erfüllt sie eben auch eine Voraussetzung für ihre Verwendung in magischen Ritualen.

Die Entfaltung der Symbolökonomie hängt ab von dem medien-
technologischen Entwicklungsstand der »Signalökonomie«
(Pross). Im Begriff der Massenpresse ist dieser Zusammenhang
deutlich erhalten.

Die Geschichte der Massenpresse beginnt mit der Einführung

der Schnellpresse im Jahre 1814. Sie fand in den Allgemeinplätzen, in den Vorurteilen des Marktes einen Gegenstand vor, der kaum noch redaktionell bearbeitet werden mußte, um ihn, entsprechend dem Stand der Papier- und Drucktechnologie, massenhaft und rasch vervielfältigen und absetzen zu können. Denn die symbolökonomische Erstarrung der Allgemeinplätze erfolgte eben vor der signalökonomischen Pressung der lose aneinandergeschlossenen Einzellettern in eine feste Form, die als Gußnegativ eine ökonomischere und raschere Vervielfältigung der Druckvorlage ermöglichte. Allerdings fand die begriffliche Rückkopplung rasch statt. Obwohl die Stereotypie für den Zeitungsdruck erst in den dreißiger Jahren des 19. Jhdts. praktisch einsetzbar war, bezog Löffler den signalökonomischen Begriff anscheinend bereits im Jahre 1837 auf einen Vorgang der Symbolökonomie: ». . .ihr Druck (der Presse, MH) kann leicht so weit entarten, daß er die Urtheile und Begriffe der Großmasse des Volks in wirkliche Fesseln schlägt und sie stereotypiret.«[3]
Einen qualitativen Umschlag in der Entfaltung der Symbolökonomie durch den Einfluß der signalökonomischen Entwicklung bewirkt erst die industrielle Anwendung von Papier-, Setz- und Rotationsdruckmaschinen im letzten Drittel des 19. Jhdts. Die sprunghaft gestiegenen Investitionen in die neuen Medientechnologien ließen sich nur ökonomisch nutzen, wenn man den Zeitungsmarkt räumlich und zeitlich ausdehnte, d. h. die Leserzahl und die Erscheinungsfrequenz der Zeitung gesteigert wurden. Da sich eine derartige Massenpresse nur im Straßenverkauf absetzen ließ, erforderte eine extensive und intensive Markterweiterung ein Höchstmaß an symbolökonomischen Kaufanreizen, damit am »Point of Sale« sowohl durch eine optimale Ausnutzung des Formats der Titelseite als auch durch möglichst »schillernde« Ausrufe der Zeitungsjungen eine höchstmögliche Umschlaggeschwindigkeit erzielt werden konnte. Unter diesen Bedingungen entstand insbesondere in den U.S.A. ein neuer Typus der Massenpresse, der in den siebziger und achtziger Jahren des 19. Jhdts. von Pulitzers »New Journalism« und ab den neunziger Jahren von Hearsts »Yellow Press« gekennzeichnet war.
Die Massenpresse mußte somit die Kriterien der Massenproduktion erfüllen. Neben der Gewährleistung einer hochgradig arbeitsteiligen, kontinuierlichen Fabrikation galt es, standardisierte Artikel herzustellen, deren Behandlung im jeweiligen Ar-

beitsgang nur insoweit erfolgen durfte, wie es für ein marktgerechtes Normalprodukt notwendig war.

Die signalökonomische Umwälzung des materiellen Zeichenträgers und die symbolökonomische Reduktion und Fixierung der kognitiven Zeichenrelation konstituierten auch eine neue Medienrealität. Sie bildete den Gegenpol zu allen Ansätzen kritischer Öffentlichkeit und schloß eine demokratische Massenpresse als Medium der Erkenntnisgewinnung in der öffentlichen Kommunikation aus. Vielmehr reaktivierte sie im Interesse einer kontinuierlichen und intensiven Attraktion des Lesers die präsentativen Bezugspunkte magischen Denkens, allen voran die präsentativen Symbolismen der Fahne, der Sonne und der Fakkel.

Die erste amerikanische Massenzeitung trug den Titel »The Sun« (gegr. 1833) und warb für sich mit der Zeile »It Shines for All!«, um unter Rekurs auf die abstrakte Gleichheit der Menschen schon damals ein demokratisches Erscheinungsbild zu stilisieren, das sich nicht mehr diskursiv ausweisen mußte. Zumal die Fackel der Aufklärung als präsentatives Schlüsselsymbol sowohl des Jahrhunderts der Kritik als auch der Französischen Revolution die universelle Lichtmetapher konkret und aktuell in ihrer höchsten Position der Symbolhierarchie bestätigt zu haben schien. Noch 50 Jahre später konnte Pulitzers »The World« eine Spendenkampagne für den Bau des Sockels der Freiheitsstatue als Kristallisationspunkt für patriotische *und* demokratische Gefühle einsetzen, so daß die aktuelle, konkrete Ungleichheit der Menschen benannt und zugleich durch die höchsten Werte der Symbolhierarchie überstrahlt wurde:

» . . . the luxurious classes . . . show by their attitude at this time that an enduring patriotic sentiment makes no impression on them . . . It is simply disgraceful that the wealthiest city on the continent let the people scratch this money together, when an hour's attention to it on the part of the rich would see the task consummated.«[4]

Die demokratische Oberfläche der Gesellschaft, wie sie sich zur Zeit der »Jacksonian Democracy« in den U.S.A. der 1830er herausbildete, wies als Kern zwar die Ausdehnung des allgemeinen Wahlrechts auf, blieb in der Alltagswirklichkeit jedoch auf die Sphäre der Waren- und Geldzirkulation beschränkt. Ein zentrales, ökonomisches Idol des Marktes hatte sich zugleich in ein demokratisches Schlüsselsymbol transformieren lassen. Wie wenig diese Alltagswirklichkeit der gesellschaftlichen Realität entsprach, erkannte ein präziser Analytiker jener Epoche, de Tocqueville. Bereits 1835 charakterisierte er die grundsätzliche Ablehnung demokratischer Institutionen durch das Besitzbürgertum. Aufgrund ihrer gleichzeitigen Angst vor der potentiellen Macht der besitzlosen Mehrheit führe diese Ablehnung bei den Reichen jedoch zu einer künstlichen Begeisterung für demokratische Gepflogenheiten. In der Öffentlichkeit diskutiere der schwerreiche Geschäftsmann jederzeit mit jedermann die Staatsgeschäfte, sein privater Luxus sei jedoch nur wenigen Auserwählten zugänglich.

Indem die entwickelte Massenpresse die Hülle »demokratische Oberfläche« als die Sache selbst ausgibt, fördert sie das magische Denken. Indem sie die demokratischen und patriotischen Gefühle ihrer Leser vermarktet, fördert sie ihren Umsatz. Beide Momente, Erkenntnisblockierung und Marktorientierung, legen es nahe, eine derart konstituierte Medienrealität auch als »Medienkitsch« (Pross) zu bezeichnen.

Der Ausdruck Kitsch setzte sich, wie Pross ausführt, um 1880, also zeitgleich mit der entscheidenden Entwicklungsphase der Massenpresse, für rasch angefertigte und rasch verkaufte Malerei durch. Obwohl er erst später als Begriff in die (amerikanische) Theoriebildung über die *Massenkultur* einging, besitzt er bereits für die Analyse der um die Jahrhundertwende durch die Massenpresse geprägten Medienrealität großen heuristischen Wert.

III

Träger der Kitschproduktion ist die *Spannungsindustrie.* Diesen Begriff skizzierte Broch vermutlich um 1948. Er ist in seiner 1959 posthum erschienenen »Massenpsychologie« enthalten. Anders als die Begriffe Kulturindustrie (Horkheimer/Adorno) aus dem Jahre 1944 und Bewußtseins-Industrie (Enzensberger) aus dem Jahre 1962 fand der Brochsche Begriff bis heute keinen systematischen Eingang in die publizistik- und kommunikationswissenschaftliche Theoriebildung.

Wie keiner der beiden anderen Begriffe ist der Begriff der Span-

nungsindustrie geeignet, den zentralen Bezugspunkt einer inter-
disziplinären Analyse des öffentlichen Kommunikationsprozesses zu bilden. Als mehrdimensionaler Begriff entspringt er sowohl der Psychologie wie der Soziologie, der Politischen Ökono-
mie wie der Publizistik. Vor allem letztere beiden Disziplinen
dürften sich auf diese Weise fruchtbarer als in der Vergangenheit
miteinander verbinden lassen. Broch führt diesen Begriff wie
folgt ein: »Es ist durchaus bezeichnend, daß überall in der Welt,
wo Intensivwirtschaftsformen mit ihren ungeheuren Wettbewerbsspannungen einsetzten, diese (einfach weil der Mensch
nicht mehr spannungslos zu leben vermag) auch auf die Muße-
stunden übertragen werden; geistig, sozusagen geistig hat dieser
Sachverhalt zu der gewaltigen Spannungsindustrie geführt, deren
zahmer Vorläufer der Detektivroman gewesen ist und die als
Kino, Radio und Television sich immer noch weiter ausbreitet,
während auf physischem Gebiet der moderne Sportbetrieb mit
seinen spezifischen Rekordspannungen hier seinen Ausgang genommen hat. Und solcherart aus der Wirtschaft entsprungen,
wird dieser alle Lebensgebiete, nicht zuletzt auch die Politik
durchdringende ›Sportsgeist‹ zurück auf die Wirtschaft angewandt und wird hier gleichfalls zur Rekord- und Erfolgsanbe-
tung. Die success story wird zur Nationallegende, und die Groß-
verdiener der amerikanischen Extensivperiode sind zu mythischen Gestalten geworden.«[5]
»Kitsch zielt auf Zeitgewinn. Die Wahrheit aber braucht Zeit.«
(Pross 1983)
»Time is Money!« (Franklin 1748)
Lange bevor sich »Bild«-Reporter Schmidt im Olympia-Stadion
zu Los Angeles in ein Stück Philippinen verwandelte, hatte ein
konsequent absoluter Sprachgebrauch dem Drucker Franklin bereits zu einem Bestsellererfolg verholfen. Franklin zeichnete als
Autor und Verleger des »Poor Richard's Almanack«, dessen
symbolökonomische Verkürzungen, wie die der Almanache
überhaupt, den Weg zur inhaltlichen Gestaltung der Massenpresse wiesen.
Jedoch war es in der zweiten Hälfte des 18. Jhdts. für Franklins
Zeitgenossen Diderot und d'Alembert noch möglich, das kritische Gegenstück zu den Almanachen, die Encyclopédie, über
mehrere Jahrzehnte und mehrere Druckauflagen gleichfalls zum
Bestsellererfolg zu führen.

Damals, so muß man vermuten, führte der niedrige Entwicklungsstand der Drucktechnologie dazu, daß die Aufklärung den Wettbewerb mit den Vorläufern der Spannungsindustrie bei der Auslastung von Druckkapazitäten noch bestehen konnte. Hundert Jahre später entwickelte sich das Druck- und Verlagswesen auf der Basis maschinell hergestellter Papier-, Setz- und Druckmaschinen zu einer *großen Industrie*, die selbst von den von Broch skizzierten »ungeheuren Wettbewerbsspannungen« durchdrungen war. Damit sich die Investitionen amortisieren konnten, erhöhte man die Umschlagsgeschwindigkeit der Produktion. Für die Entwicklung einer kritischen Massenpresse, einer »täglichen Enzyklopädie« (Löbl), blieb nach der neuen, von Franklin angekündigten, *soziologischen* Zeitrechnung keine Zeit mehr.

Statt dessen wurde im ökonomischen Wettbewerb um die neuesten Nachrichten der publizistische Gegenstand der Presse weitgehend auf seine zeitliche Dimension, *Neuigkeit,* reduziert.

Als große Industrie entwickelte sich die Massenpresse zur Spannungsindustrie, indem sie die kontinuierliche Publikation von Neuigkeiten zum Selbstzweck erhob. Doch trotz der exponentiellen Zunahme des gesellschaftlichen Verkehrsaufkommens seit der Etablierung des Weltmarkts im 16. Jhdt., trotz einer entsprechenden Beschleunigung des Symboltransports durch Eisenbahn, Dampfschiff und elektrischen Telegraphen reichte für die intensiven Wettbewerbsspannungen der Spannungsindustrie der Nachrichtenfluß nicht mehr aus, um ihre Rotationsdruckmaschinen kontinuierlich mit exklusiven Neuigkeiten zu versorgen. Im Begriff der Spannungsindustrie ist daher ihre Produktion *künstlicher Neuigkeiten* angelegt. Im *Medienereignis* inszeniert sich die Spannungsindustrie im öffentlichen Raum selbst, gleich ob sie ihre durch den Aufbau und die Steuerung von Spannungsbögen gekennzeichnete, aristotelische Dramaturgie auf die olympischen Rituale oder die der Nominierung eines Präsidentschaftskandidaten überträgt.

Die von dieser Dramaturgie unabhängig vom Gegenstand angestrebte Wirkung läßt sich nicht konkreter fassen als in dem Fernsehkommentar der Leichtathletin Heide Rosendahl zur olympischen Eröffnungsfeier in Los Angeles. Nach einer Stunde Live-Übertragung formulierte sie mit erregter Stimme: »Keine Sekunde war langweilig!«

Anmerkungen:

[1] Pross, Harry (1970): *Publizistik*. Neuwied: Luchterhand, S. 34.
[2] Bacon, Francis (1620/1870): *Neues Organon*. (Übersetzt von J.H. Kirchmann). Berlin: Verlag L. Heimann, S. 95 und 105.
[3] Löffler, Franz Adam (1837): *Ueber die Gesetzgebung der Presse*. Erster Theil. Leipzig: F.A. Brockhaus, S. 45.
[4] *The World*, May 1, 1885, p.4.
[5] Broch, Hermann (1959): *Massenpsychologie*. Schriften aus dem Nachlass. (Herausgegeben von Wolfgang Rothe). Zürich: Rhein-Verlag, S. 383f.

JAN KOTIK

Kunst, Kitsch und Design

I

Vor einigen Jahren hat Werner Hofmann in der Hamburger
Kunsthalle eine Ausstellung veranstaltet, in der in einem geord-
neten Durcheinander alles Mögliche gezeigt wurde: Salonmale-
rei aus dem 19. Jahrhundert, Plakate, Votivbilder, Andenkenfa-
brikate und Devotionalien, Kunstgewerbe, Reklamebilder sowie
zeitgenössische Kunst verschiedenster Richtungen. Kunst und
Kitsch von heute und damals.
In dieser Ausstellung ging es nicht um die Frage nach dem Wesen
des Kitsches; es wäre ja auch gar nicht schwierig gewesen, den
Kitsch auszusondern. Ihr zugrunde lag die Signifikanz des Wort-
zeichens »Kunst«. Weil aber innerhalb des visuellen Bereichs
(ähnlich wie in den Bereichen von Worten und Tönen) keine fe-
sten Abgrenzungen verschiedener qualitativer und funktionaler
Schichten möglich sind, hat diese Ausstellung – auf gleiche Weise
wie viele andere Veranstaltungen und Diskussionen dieser Art
auch –, nur zur Relativierung des Begriffs »Kunst« beigetragen.
Wenn Marcel Duchamp einst demonstrierte, daß alles Kunst sein
kann, so wurden in den erwähnten Diskussionen die Resultate
seiner Aktivität auf eine rein verbal-begriffliche Ebene reduziert;
aus bloßen Worten wurde eine allgemeingültige Regel, ja sogar
eine negative Kunstnorm konstruiert. Wenn alles Kunst sein
kann, so macht den einzigen Unterschied zwischen Kunst und
Nicht-Kunst ein einfaches Wort-Etikett aus, das jedem beliebi-
gen Objekt oder Vorgang beigefügt werden kann. Wenn aber
dieses Etikett von außen – also aufgrund der willkürlichen Entscheidung eines Einzelnen – auf jedes beliebige Objekt aufgeklebt werden kann, so brauchen wir uns mit dem Phänomen
Kunst nicht mehr zu beschäftigen, auch nicht mit unserer Lage,
unserem Verhältnis zu ihm. Ist dem aber so?

Kitsch produziert Effekte: Sowjetische Architektur- und Lichtsymbolik am Beispiel der staatlichen Moskauer Lomonossow-Universität.

Die eben erwähnten verbalen Konstrukte stellen in bezug auf die durch Worte bezeichnete Realität bloße Tricks dar; mit diesen wird, bewußt oder unbewußt, vertuscht, daß, wenn etwas (nicht alles allerdings) Kunst sein kann (nicht aber muß), dies nur dadurch geschieht, daß ein Etwas in etwas anderes transformiert wird (wie z. B. ein Flaschentrockner in eine Raumkonstruktion oder ein Pissoirbecken in das Modell einer Fontäne, wenn wir schon bei diesen Grenzfällen in Duchamps Werk bleiben wollen); gerade die Transformation ist das Grundlegende, das den visuell völlig neutralen Objekten einen anderen Sinn zu geben vermag. Und die elementarste Art von Transformation besteht immer in der Umkehrung, das heißt der Negierung der ursprünglichen Funktion eines Objekts, mindestens im Sinne der Neubestimmung von oben und unten, rechts und links sowie dessen Plazierung in einer anderen Umgebung. Diesen Vorgang macht sich ja auch jeder zu eigen, der einen schönen Stein findet und ihn mit zu sich nach Hause nimmt. Solche Steine können – wie etwa im alten China – als Kunstwerke gelten, müssen es aber nicht. Solche Akte der Transformation haben etwas mit Kunst gemeinsam: den kreativen Akt, ohne den keine Kunst entstehen kann. Wenn aber durch einen solchen Akt nichts Neues vermittelt wurde, dann ist auch kein Kunstobjekt entstanden.

Transformation durch Umkehrung, Umfunktionierung, diesen Vorgang der Neubestimmung von Relationen können wir nicht erst bei Duchamp, sondern schon vorher bei Picasso und Braque sowie später bei den Surrealisten zum Beispiel bemerken.

Das bedeutet aber, daß auch ein ganz blödes Andenkenfabrikat, also ein Souvenir, ein Stück irgendeiner Zeitung oder auch ein rein funktionales Instrument, zum Teil eines Kunstwerkes werden kann; nicht aber das unverändert gebliebene Objekt an sich.

Die erwähnte Ausstellung in Hamburg hat zusammen mit verschiedenen verbalen Interpretationen der anglo-amerikanischen Popkunst und den Diskussionen über Underground-Kulturen am meisten dazu beigetragen, daß in der Kunst solche Begriffe wie Qualität abgelehnt werden. Es ist zur Mode geworden, diesem Terminus einen Inhalt abzusprechen, d. h. ihn zur Universalie im Sinne der Nominalisten zu erklären, also zu behaupten, daß Begriffe wie Qualität und Kunst keinen Realitäten entsprechen. Komplementär dazu wird noch die allgemein bekannte Wahrheit eingebracht, daß dieserart Phänomene in keiner Weise meßbar, und daher auch objektiv nicht erkennbar seien. Daß dies den Erfahrungen – mindestens der Sehenden, Hörenden usw. – widerspricht, tut nichts zur Sache: sie werden als subjektive, also willkürliche Schlüsse aus reinen Sinnesattrappen abgetan.

Für Menschen, die – sehr allgemein gesagt – über keine visuellen Erfahrungen verfügen, weil sie das Sehen, Tasten und Bewegen nur als Mittel zur Orientierung in der Außenwelt benutzen, für Menschen ohne visuelles Gedächtnis und mit schwach entwickelter Verbindung des Sensuellen mit dem Kognitiven, für diese Art Menschen werden alle verbalen Konstruktionen zur Wahrheit.

Und zwar nur deshalb, weil sie innerhalb der verbalen Sphäre plausibel erscheinen. Auf eine solche Art von Menschen wirkt befreiend, wenn Kunst zur Beliebigkeit deklariert wird. Die von dieser Seite kommende Argumentation scheint dann auch folgerichtig. Sie lautet: Wenn es keine Kunst gibt, dann gibt es auch keinen Kitsch, und kein Bild kann in Wirklichkeit schlechter sein oder schwächer als ein anderes. Und wer weiß, und wer kann *mir* beweisen, daß mein Gartenzwerg einmal später nicht höher geschätzt werden wird als eine Plastik von diesem Picasso oder wie er heißt. Und so setzt sich die Argumentationskette fort: Wenn jemand etwas zum Kitsch erklärt, so macht er nur seine Zu- oder Abneigung deutlich, sein subjektives ästhetisches Wertsystem, seine Zugehörigkeit zu einer bestimmten sozialen Schicht usw.; außerdem ändert sich ja – wie jeder weiß – im Laufe der Zeit der Geschmack, und dem Werk vieler Künstler wurde erst sehr spät Bedeutung zugeschrieben. Vielleicht ist dann auch jede einfache und primitive Antikunst, die heute als Kunst präsentiert wird, auch wirklich Kunst.

II

Gestatten Sie mir zu dem eben Gesagten zwei Thesen:

1. Es ist zweifellos so, daß man Kunst nicht eindeutig für alle – vergangenen und zukünftigen – Zeiten definieren kann. Die Menschen bemühen sich – und werden dies immer tun –, Kunst zu machen und die geschaffene Kunst zu sortieren, einzuordnen, d.h. zu erkennen, was und inwieweit dies oder jenes Kunst ist. Denn die Funktion beider Aktivitäten – des Schaffens und des Sortierens – besteht darin, sich durch die Kunst und durch ihre Beurteilung selbst zu definieren. Sich selbst zu definieren heißt, sich als Individuum zu erkennen. Und weil das Individuelle ein Teil des Gesellschaftlichen darstellt, so handelt es sich nicht nur um die Definition der eigenen sozialen Schicht, sondern auch des gesamten Kulturgebiets in einem bestimmten, also in diesem Zeitabschnitt. Vielleicht sollte man statt »definieren« einen anderen Terminus benutzen. Man könnte also auch sagen: Wir versuchen durch die genannten Aktivitäten uns selbst und unserer Zeit ein Gesicht, eine geistige Gestalt zu geben.

Paßgenaue Verarbeitung farbig gedruckter Bleche: Gefrierschrank, der vortäuscht, eine Bauerntruhe zu sein.

2. Historisch gesehen bilden diese Aktivitäten eine zusammenhängende Kette mit einer gegebenen, beständigen Hierarchie. Dies gilt auch für den Fall, daß sich die Stufenleiter des Interesses für das Vergangene ändert. Unter den Menschen, die sich aus diesem oder jenem Grunde mit Kunst beschäftigen, wird heute keiner einen Aniballe Carraci oder Raphael Mengs interessanter finden als einen Greco, Goya oder Rembrandt, wobei aber niemand den Erstgenannten absprechen wird, daß sie Künstler sind bzw. waren. Heute interessieren uns gewisse Kunstwerke mehr als andere, und die Akzente, die unsere heutigen Interessen bestimmen, können sich in den nächsten Jahren ändern. Eines wird sich aber ganz sicher nicht ändern: auch wenn das Interesse z. B. für Mozarts Musik nachlassen würde, der Abstand zwischen einem Mozart und einem Salieri wird zweifellos weiter bestehen bleiben.

127

III

Das Phänomen Kitsch ist ziemlich neu, und es ist daher schwer vorauszusagen, welchen hierarchischen Platz es im zukünftigen Bewußtsein über die Vergangenheit einnehmen wird. Denn wir ordnen das Vergangene – und versuchen dies auch mit dem Gegenwärtigen zu tun – in drei umfangreiche Schichten: in Kunstwerke, Artefakte und Dokumente, die allerdings von keinen feststehenden Grenzen getrennt sind. Die Benennung bezieht sich vielmehr auf Achsen oder auch Brennpunkte eines kontinuierlichen Kraftfeldes: jedes Kunstwerk ist nämlich auch – aber nicht nur – Artefakt und Dokument, sowie jedes Artefakt auch, aber nicht nur, Dokument ist. Im Bereich der bildenden Kultur (ein Begriff, den wir von »bildender Kunst« ableiten, wobei das französische »l'art plastique – la culture plastique« – wohl besser geeignet ist, diesen Bereich der Kultur zu umschreiben)! Also in diesem Bereich des Räumlichen und Visuellen, kann alles zum Dokument werden: ein alter Nagel, ein Brief, eine Ankündigung, aber auch eine Heugabel. Im Augenblick, in dem sich die gesellschaftliche Realität geändert hat, wird eigentlich alles zum Dokument (z. B. Reste von vorgeschichtlichen Bronzeschwertern), weil es möglich wird, aus ihnen etwas abzulesen. Manche dieser Dokumente strahlen sicherlich auch einen gewissen ästhetischen Reiz aus. Andere beinhalten einen höheren Grad von Information, wodurch sich auch ihre ästhetische Wirkung steigert; sie befinden sich an der Grenze zwischen Dokument und Artefakt und sind daher auch sehr beliebt – wie heute z. B. alte Näh- oder Schreibmaschinen, Fotoapparate, aber auch Autos oder – schwer zu fassen – Lokomotiven.

Ein Votivbild, ein Grabmal auf einem Dorffriedhof, ein Plakat ebenso wie ein Stuhl: das sind sicher Artefakte. Ein gelungenes Votivbild, ein Möbelstück z. B. von Bull oder MacIntosh drängen schon in das Gebiet der Kunst ein, obwohl sie dort nie einen solchen Platz einnehmen werden, wie ein Stück aus dem Œuvre eines großen Künstlers. Und bestimmte Plakate – z. B. von Lautrec – sind Kunstwerke, auch im Vergleich mit vielen Bildern und Plastiken, die die Wände und Räume vieler Museen schmücken, denen allerdings viel mehr der Rang von Artefakten zukommt, als daß sie dem Bereich der Kunst zuzuordnen wären.

Wohin aber mit dem Kitsch? Daß er nur ein Dokument ist – und auch bleiben wird – das kann man sicherlich sagen. Schon heute sind wir nämlich in der Lage, aus ihm verschiedenes abzulesen.

Leider nichts oder fast nichts Positives: im Kitsch wird die Barbarisierung eines Teils der Gesellschaft dokumentiert, und zwar nicht *nur* vermittels der geistigen Flachheit, des »als ob«, also des sich für etwas anderes Ausgebenden, sondern auch durch die technische und handwerkliche Liederlichkeit, kurz den Dilettantismus der Ausführung.

Wie in anderen Dokumenten auch, die nicht Kitsch sind, offenbart sich in ihm der – sagen wir – Zeitgeist, der ja, weiß Gott, an sich wertfrei ist, also nicht in jedem Fall etwas Positives sein muß.

Wenn ein Dokument – einerseits – nur passiv aus der allgemeinen Lage der Kultur einer bestimmten Zeit erwächst, so üben die Artefakte – andererseits – noch eine andere Funktion aus: sie gestalten das Kulturklima mit, d. h. sie verändern es auch. Es sind die Artefakte, die den Geschmack der Zeit am deutlichsten repräsentieren. Vom Schmuck über Möbel bis hin zur Mode.

Die Kunst aber geht über diese Gegebenheiten hinaus. Das Œuvre eines Künstlers gestaltet die Kunst seiner Zeit mit, es stellt eine Art Proposition dar, die sich auf die Realisierung eines Weltbilds richtet, das – wenn auch nur in seltenen Fällen – in unwiederholbare, nur in Sinnbildern wiederzugebende Weisheiten münden kann.

Kitsch kann also nicht Artefakt sein, weil dieses – wie bereits gesagt – das Kulturklima seiner Epoche mitgestaltet, also auch verändert, wie z. B. die Mode. Kitsch kann im positiven Sinne nichts verändern, weil in ihm nur das Vorhandene, das Gegebene *benutzt* wird. Das trifft natürlich auch für Dokumente, die nicht Kitsch sind, zu: für Briefe, verschiedene Amateurzeichnungen, gemalte Figuren von Köchen, die vor den Restaurants aufgestellt werden usw. Nur werden dieserart Objekte von ihren Autoren nicht zu Kunstwerken deklariert. Sie machen nur – mit oder ohne Geschmack – etwas bekannt.

Innerhalb des Gebiets der Dokumente nimmt der Kitsch einen besonderen Platz ein. Bildlich gesagt: Kitsch nährt sich nicht, wächst nicht aus dem allgemeinen Zustand der Kultur, er zehrt aus den Mülltonnen seiner Zeit, in welchen sich zur Unkenntlichkeit verkommene Ideen, verfaulte Symbole, abgenutzte Formen, degenerierte Ideologien und ähnliches mehr häufen. Kitsch lebt aus den Abfällen der Zeit seiner Entstehung.

Folgendes scheint mir dabei besonders wichtig zu sein: es ist nicht der schlechte Geschmack, der ein Objekt zum Kitsch macht, sondern die Tatsache, daß es vortäuscht etwas zu sein, was es nicht ist. Dadurch nimmt der Kitsch innerhalb des Bereichs von Dokumenten auch eine besondere Stellung ein. Denn ein Hammer, eine Heugabel, ein Brief (als kalligraphisches Objekt), ein Fotoapparat oder eine Schreibmaschine täuschen nichts vor, verraten dagegen sehr viel über die Zeit, in der sie entstanden sind. Kitsch ist auch kein schwaches Kunstwerk, keine schlechte Kunst, sondern eben Kitsch. Anders gesagt: wenn eine Nähmaschine vortäuscht, sie sei ein Barockschrank, dann wird sie zum Kitsch. Weil Kitsch etwas vortäuscht, kann er vom unqualifizierten Konsumenten als etwas Echtes betrachtet werden; häufiger aber sind Kitschobjekte bewußter Ersatz für das Echte.

Um möglichen Mißverständnissen vorzubeugen: eine wirklich gelungene Kopie eines Barockschrankes z. B. stellt, wenn sie als altes Stück angeboten bzw. verkauft wird, einen Betrug dar; sie ist aber nicht Kitsch. Ein Als-ob-Barockschrank kann auch Betrug sein, ist aber immer auch Kitsch. Aus diesem Grund ist es so schwierig, den Kitsch mit Hilfe von formalen oder anderen Normen zu bestimmen.

Die Imitation ist immer schwer zu unterscheiden von Einfluß, Zitat, Übernahme usw. Die »Schönheit« – im oberflächlichen, glatten Sinne – ist auch kein eindeutiges Merkmal des Kitsches, sonst müßten wir auch die Präraffaeliten, ja sogar einen Ingres aus dem Bereich der Kunst eliminieren. Konventionelles muß noch nicht einen formalen oder mentalen Kitsch darstellen. Auch das Neurotische nicht, obwohl dies – allerdings in der Kunst bei Füßli, W. Blake, Felicien Rops, Beardsley bis hin zu manchen Surrealisten – wie ein Thermometer ein gesellschaftliches Fieber anzeigt. Ebenso kann auch nicht die Metapher an sich, also jede Metapher beschuldigt werden, Bestandteil des Kitsches zu sein.

IV

Wie schon zu Anfang betont, ist die Frage »Was ist Kunst« ständig neu zu beantworten; auch deshalb, weil wir uns durch die Antwort selbst definieren, und durch die ständige Diskussion –

warum nicht auch Streit? – entwickelt sich im Bereich der Kunst eine qualitative hierarchische Ordnung.

Wenn wir also dem zutreffenden Vergleich von Hermann Broch Folge leisten wollen, wonach das Verhältnis zwischen Kunst und Kitsch dem Verhältnis von Christ und Antichrist gleiche, so sind wir dennoch gezwungen festzustellen, daß es keine eindeutige Antwort auf die Frage »Was ist Kitsch?« gibt. Wir müssen stets neu versuchen, den Kitsch und Kitschmomente zu erkennen, und dies auch auf die Gefahr hin, unser Urteil könne vielleicht dem Antichrist dienen.

Mir scheint, daß eindeutige Kitschobjekte sehr leicht zu erkennen sind, ohne Unterschied, ob es sich um einen Gartenzwerg, um fabrizierte Devotionalien oder um ein Andenken-Fabrikat handelt. Viel schwieriger – gleichzeitig aber wichtiger – ist es, die Kitschmomente in der heutigen Kunst und Designproduktion zu erkennen.

Dazu benötigen wir eine Methodik, ein Verfahren, das uns ermöglicht, Kitsch, auch wenn er in verdeckter Form existiert, zu erkennen. Eine Methodik, die es erlaubt, sinnvolle Überlegungen über konkrete Fälle von Kitsch zu entwickeln.

Der Germanist Hans-Dieter Zimmermann hat in einem Artikel in der *Neuen Rundschau* (Nr. 4/1975), in dem er die damalige Diskussion zum Thema Trivial-Literatur zusammenfaßte, drei Aspekte vorgeschlagen, die sich bei der Untersuchung von (literarischem) Kitsch anwenden lassen. Es geht erstens um die Art und Weise der Herstellung solcher Objekte, zweitens um das Objekt selbst und drittens um die Art des Konsums, einschließlich der konsumierenden Personen. Ich werde mich hier nur mit zwei von diesen Aspekten beschäftigen: mit der Herstellung der Objekte und deren Konsum. Über die Objekte selbst wurde ja schon ziemlich viel gesagt und geschrieben.

Die Herstellung solcher Kitschobjekte – sei es ein Buch, ein Musikstück, ein Bild, eine Plastik oder ein Design-Entwurf für ein Produkt – entspringt nicht irgendeiner inneren Notwendigkeit des Verfassers, sie ist nicht einmal engagierte persönliche Antwort auf eine durch aktuellen Anlaß verursachte momentane Herausforderung (wie dies bei politischen Gedichten, Zeichnungen oder anderen gelegentlichen Aussagen der Fall ist), sondern stellt einzig und allein eine von vielen Möglichkeiten dar, Geld zu verdienen. Für eine solche Art nichtengagierter Tätigkeit ist ein

»Arbeitgeber« nötig, der ein Objekt – sei es einen Entwurf oder eine andere Unterlage (Partitur, Text etc.) – bestellt und dann auch bezahlt. Es geht also um einen Unternehmer, der nicht unmittelbarer Verbraucher ist, d. h. er benötigt das hergestellte Objekt nicht zur eigenen Nutzung. Das Objekt in seiner ursprünglichen Funktion ist ihm eigentlich gleichgültig. Der Zweck seines Unternehmens ist normalerweise (wenn auch nicht immer) der lukrative Verkauf des auf der Basis des Design-Entwurfs vervielfältigten Objekts.

Im Verhältnis zum Autor vertritt der Unternehmer den anonymen Verbraucher, der keine Möglichkeit hat, seine Ansprüche genau zu formulieren; an seiner Stelle tut es der Unternehmer, dessen Forderungen, also Weisungen nur erfüllt werden müssen, so daß für die eigenen Gedanken des Autors nur wenig oder gar kein Spielraum bleibt. Solche Bestellungen werden wahrscheinlich nur von Leuten akzeptiert, die als Buchstaben- und Notenschreiber sowie Farbeauftrager keine eigenen Gedanken haben. Die Situation, in der sich diese Vorgänge abspielen, ist höchst eigenartig: da beide – der sogenannte Autor als auch der Unternehmer – an dem Objekt selbst nicht interessiert sind, der Unternehmer aber wissen muß, was andere wollen, so sollte man annehmen, daß wenigstens er ein gewisses Maß an Imagination besitzt. Trifft das aber zu, so kann er sie nicht in das Objekt investieren, sondern muß sie für andere Zwecke, eben die des Unternehmens, einsetzen.

V

Die Welt der Konsumenten ist dem Unternehmer fremd; er selbst identifiziert sich nicht mit den Benutzern seiner Produkte. Und er hält diese Trennung allgemein auch für richtig, weil sie ihm – wie er glaubt – ermöglicht, *objektiv* zu erkennen, was die Menschen wollen, also auch, was sie kaufen werden als Gebrauchsgüter, oder auch an Ansichten, Meinungen usw.
Objektiv heißt hier: die eigenen Gedanken, Ansprüche, Bedürfnisse, den eigenen Geschmack etc. aus den unternehmerischen Überlegungen auszuschalten, also die potentiellen Benutzer seiner Produkte von außen her ganz »cool« zu betrachten, ähnlich wie ein Zoologe, der das Verhalten von Ameisen beobachtet, um

dann aus dieser Untersuchung wichtige Schlüsse zu ziehen. Diese Position bringt noch eine kleine, nicht unbedeutende Genugtuung mit sich: der Außenstehende, der von *außen* Beobachtende steht selbstverständlich *höher* als das Objekt der Untersuchung; die Ameisen dürften ja auch kaum über eine größere Intelligenz verfügen, oder ein höheres Kulturniveau haben und daher auch keine komplexeren Bedürfnisse als der Zoologe, der ihr Verhalten analysiert. Ähnliches spielt sich im Bereich, der uns interessiert, ab: Ins Visier werden immer nur solche Gruppen von potentiellen Konsumenten genommen, die unter dem Niveau des Unternehmers stehen, wenigstens wird er davon überzeugt sein. Jede analytische Beobachtung erfordert – das ist ja allgemein bekannt – einen methodologischen Apparat. Mit schlechten Instrumenten können natürlich keine richtigen Schlußfolgerungen erzielt werden. Dem Bereich, von dem hier die Rede ist, steht zur Zeit ein komplex entwickeltes Instrumentarium zur Verfügung: es heißt Marketing. Nicht zufällig ist es von einem gediegenen wissenschaftlichen Renommee umgeben, bedient es sich doch solcher Methoden, die in anderen, wirklich wissenschaftlichen Disziplinen entwickelt wurden. Die Frage ist nur, wie die mit diesen wissenschaftlichen Methoden erhobenen Daten gedeutet und ausgelegt werden und wie Schlüsse daraus gezogen werden. Denn ein besonderer Umstand ist hier wichtig. Untersuchungen dieser Art können nicht alle Menschen umfassen, sie werden auf einen kleineren, ausgewählten Teil beschränkt, der mit dem entzückenden Namen »Zielgruppe« versehen wurde.

Ich gestehe, daß ich diesen Terminus »Zielgruppe« nicht mag. Er hat meiner Ansicht nach eine militärische Konnotation, man kann sich seiner bei Diebstahl, Überfällen, aber auch beim Waffenhandel, Rauschgiftschmuggel, ja auch bei der Planung von Terroraktionen bedienen. Bei diesen Tätigkeiten nimmt er sogar eine konkretere Gestalt an als in Industrie und Politik, denn das semantische Feld dieses Terminus entspricht mehr den erstgenannten Tätigkeiten. In mir ruft das Wort einen Zustand der Wachsamkeit, ja auch der Angst hervor; ich möchte weder Bestandteil einer Zielgruppe sein, noch möchte ich zur Zielscheibe werden.

Dennoch: es geht nicht darum, das Marketing in Bausch und Bogen zu verurteilen, es zu verteufeln. Nicht alle, die sich seiner bedienen, sind gezwungen, Kitsch zu produzieren. Jeder Produzent, Manager oder Designer kann es als nützliches Hilfsmittel anwenden, wenn der Umfang der Produktion so breit ist, daß weder persönliche Erfahrungen noch Einfühlungsvermögen ausreichen, um ihre Komplexität zu erschließen. Marketing kann helfen – kurz ausgedrückt –, Lücken zu füllen, es kann aber auf keinen Fall Engagement ersetzen. Zur Kitschproduktion führt aber Marketing immer, wenn es als einziger Indikator für produktive Arbeit akzeptiert wird, wenn sich die Produzenten in die sogenannte Zielgruppe selbst nicht miteinbeziehen, d. h. wenn sie sich mit den Benutzern ihrer Produkte nicht identifizieren können oder wollen, wenn sie die Zielgruppe nicht als Teil, als Untermenge des Ganzen betrachten, sondern sie mit dem Ganzen verwechseln. Die Produkte werden dann ihre notwendige Komplexität verlieren; durch die Vernachläsigung von sogenannten Nebenwirkungen oder auch durch zu präzise, zu eng definierte Ziele, werden sie keinen Nutzen bringen, sondern vielmehr schädigend wirken.

Das sind Konsequenzen einer gewissen Marktideologie, oder genauer gesagt, gewisser Prämissen dieser Ideologie. Ich möchte in diesem Zusammenhang ein Beispiel nennen: allgemein wird behauptet, daß die Produktion nur das erzeugen soll und muß, was die Konsumenten wollen. Diese These kann nur schwer abgelehnt werden, weil ihr Gegenteil: »die Produktion soll und muß das erzeugen, was die Menschen *nicht* wollen« oder: »die Produktion soll nicht produzieren, was die Menschen wollen« – unsinnig ist. Daß die ursprüngliche These nur eine Halbwahrheit ist, fällt allerdings nur selten auf. Die Formulierung setzt nämlich voraus, daß die Menschen wissen, was genau sie wollen. Sehen wir von ganz einfachen Situationen ab – z. B. das Einkaufen von Milch, Brot oder Zigaretten –, so ist dem Käufer immer mindestens ein Teil seiner Absicht oder seines Bedürfnisses unklar. Wenn ich beispielsweise Stühle kaufen will, so suche ich normalerweise nicht nur nach einem einzigen Typ von Stuhl. In vielen Fällen entdeckt der Mensch die Komplexität des konkreten Bedürfnisses erst in dem Augenblick, in dem er den Gegenstand sieht. Allgemein gesagt: bewußt teleologisches Verhalten kommt nur auf den niedrigsten Ebenen des Lebens vor, auch wenn es im *nachhinein* nicht schwerfällt, eine Kette von Ereignissen zu konstruieren, die teleologischen Charakter hat, obwohl sich aus jedem Glied dieser Kette eine jeweils andere Situation hätte ergeben können.

VI

Was ich hier versucht habe darzustellen, erhebt nicht den Anspruch, das Ganze zu erfassen; im Gegenteil. Es handelt sich um eine Tendenz, die sicherlich gefährlich ist, nicht aber allumfassend. Das macht jedoch die Lage nicht leichter. Denn: eindeutigen Kitsch zu erkennen, stellt, wie bereits gesagt, kein großes Problem dar. Schwieriger wird es, wenn es um die Identifizierung von Kitschmomenten in Objekten und Aktivitäten geht, die sonst nicht unter die Kategorie »Kitsch« fallen.

Den Ursprung solcher Kitschmomente finden wir in der Gleichgültigkeit, in dem Nichtengagement der Hersteller, aber auch in der Überheblichkeit über das projektiert-produzierte Objekt und über dessen künftige Benutzer. Wenn wir die Entstehung der nichtengagierten Arbeit erfassen wollen, so müssen wir zur Manufaktur und der dort eingeleiteten Teilung der Arbeit zurückkehren. Der Höhepunkt des Prozesses, den wir gegenwärtig erleben, ist aber mit der Industrie verbunden, die in erster Linie für den Weltmarkt, also für einen völlig anonymen Verbraucher produziert.

Nicht die Verbreitung dieser Umstände an sich stellt den Nährboden für die Verwurzelung und das Wachstum des Kitsches dar, sondern das Akzeptieren und das Ideologisieren dieser Verhältnisse. Damit soll nicht gesagt sein, daß die Industrie zum Bereich des Kitsches gehört, sondern

1. – daß der Kitsch eine Erscheinung der Industriegesellschaft ist; das wird auch von der Tatsache bestätigt, daß die moderne anonyme Industrie und der Kitsch ungefähr zur gleichen Zeit das Licht der Welt erblickt haben – und

2. – daß die moderne Industrie und der mit ihr verbundene Handel nicht nur Gefahr laufen, sich an der Kitschproduktion zu beteiligen, sondern – und das beweisen nicht wenige Industrieprodukte – tatsächlich Kitsch produzieren und an den Mann bringen.
Das Phänomen Kitsch würde weiterbestehen, auch wenn es uns gelingen würde, die postindustrielle Gesellschaft vernünftig zu gestalten; es wird sich als historisches Faktum auswirken, mit allen Konsequenzen, die sich aus der Vergangenheit auf welche Gegenwart auch immer ergeben.

Zum Schluß noch einige Anmerkungen zum Konsum und zu den Konsumenten von Kitsch. Im Programm der Massenproduktion identischer Objekte steht groß geschrieben:»Unsere Produkte sollen die Bedürfnisse der Konsumenten befriedigen.« Eine schöne, edle Absicht. Nur: es gibt keine schöpferische Arbeit, die nur *ein* Bedürfnis befriedigt, und dies gilt auch für ganz einfache Gegenstände, die immer auch im sozialen Leben der Menschen eine Rolle spielen. Ein Sessel soll – fast könnte man sagen»muß« – das Bedürfnis des Sitzens befriedigen. Jeder Sessel überschreitet aber bereits durch seine Form den begrenzten Zweck einer Sitzgelegenheit, es ließe sich auch kurz ausgedrückt sagen, daß er in eine Kulturgegebenheit transzendiert. Konkret wird dies vom Konsumenten im voraus nicht bestimmt. Die kulturellen Funktionen eines Gegenstandes sind immer Produkt des Autors, des Verfassers usw., die vom Konsumenten entweder abgelehnt, oder auf die eine oder andere Weise akzeptiert werden. Denn erst wenn das Objekt vorhanden ist, kann der Konsument feststellen, wie es und ob es teilweise oder als Ganzes seinen Bedürfnissen entspricht. Nicht vorher. Um es mit Hilfe eines Beispiels genauer zu zeigen: Im zehnten Buch seiner Politeia bringt Plato das Gleichnis vom Flötenspieler. Dieser kommt zum Flötenmacher, berichtet über die Flöten, die im Spiel taugen, und weist ihn an, wie er sie herzustellen hat; danach baut der Hersteller die Flöte. So gesehen heißt das, daß der Hersteller von Flöten keine Ahnung zu haben braucht, wie man mit einer Flöte umgeht; er muß also nicht flöten können. Das ist Unsinn, in Wirklichkeit ist das nicht möglich. Ein Geigenbauer muß selbst Geige spielen können, um in der Lage zu sein, nicht nur zu verstehen, was der Virtuose will, sondern um ihn auch auf die vielleicht neuen Möglichkeiten aufmerksam zu machen, die er bei der Herstellung der Geige entdeckt hat. Herr Sax hat einst begonnen, Saxophone zu bauen, bevor noch mexikanische Musikkapellen diese Instrumente benutzten; diese mexikanischen Militärkapellen stellten für ihn auch keine Zielgruppe dar; das interessierte ihn überhaupt nicht. Er hat einfach – und nicht nur in diesem Fall – den Ehrgeiz gehabt, neue Musikinstrumente, mit neuen Farbklängen und mit anderen, bis dahin nicht vorhandenen Eigenschaften zu erfinden, und er war dazu fähig, nicht nur weil er von der Herstellung solcher Instrumente genug wußte, sondern auch weil in ihm ein Musiker steckte. Das beweist seine Korrespondenz sowie die zahlreichen Musikstücke, die ihm gewidmet sind.

Das gleiche gilt auch für den Designer, der gleichzeitig auch Konsument des von ihm entworfenen Produkts sein muß, mindestens in dem Maße, in dem er fähig ist, sich in die Rolle des Konsumenten einzufühlen, sich mit ihm zu identifizieren oder das Produkt in der Phantasie zu konsumieren. Jeder Schriftsteller ist ein engagierter Leser (Jorge Luis Borges ist zweifellos ein großer Schriftsteller, ich glaube aber, daß er ein noch größerer Leser ist). Jeder bildende Künstler ist ein engagierter Kunstbetrachter usw.

Im Zusammenprall des Gelesenen oder Gesehenen mit der Zeit, in der der Künstler (Publizist, Designer) lebt, und den Erfahrungen und Überlegungen, die sein Leben mitgestalten, entsteht das Werk. (Ich habe dabei eine wichtige Voraussetzung – den inneren Zwang und das Talent – ausgeklammert.)

Der Konsum von Kunst und Produkten anderer kreativer Tätigkeiten – Literatur, Philosophie, Wissenschaft und alles, was sich dazwischen befindet –, also der Konsum von Produkten der Kreativität anderer Menschen birgt in sich immer etwas Unerwartetes, Neues, Überraschendes, etwas, was ein konkret vorhandenes Bedürfnis überschreitet. Dadurch aber kommt es – wie paradox das auch klingen mag – zur Befriedigung des speziellen Bedürfnisses nach Neuem, nach Erweiterung des Bestehenden, nach der Auseinandersetzung mit dem Unbekannten, kurz des Bedürfnisses nach innerer Erneuerung des Konsumierenden. Der Konsument sucht nicht – oder sucht nicht in erster Linie – nur die Bestätigung seiner selbst.

Voraussetzung für ein solches Verlangen sind – kurz gesagt – Neugier und Hoffnung. Beim Menschen, der resigniert hat, verschwindet beides: Neugier und Hoffnung, übrig bleibt nur die Angst, das Bestehende zu verlieren und das Verlangen, das Vorhandene zu erhalten. Er ist nicht zufrieden, wenn er nach den ersten Seiten eines Romans nicht weiß, wie das Ende ausgehen wird und wenn alles zwischen Anfang und Ende nicht den Ablauf nehmen wird, mit dem er vertraut ist. Nebenher aber – weil ja Widersprüche wie im Zeichen für Yin und Yang miteinander existieren – stellt er sich vor, wie alles – womit nur die Kulisse gemeint ist – ganz anders sei. In der Küche sitzend träumt er davon, wie die Prinzessin von Limbamba lebt und wie man hier in der Küche, in der Mietskaserne, die ja für solche Menschen ein subjektiv ontologisches Dasein besitzt, an ihrer Stelle mit ihrer Situation fertig werden würde. Oder man vergegenwärtigt sich mit Neid den Ritt eines Western-Helden durch die Prärie. Wie würde man an seiner Stelle alles anders und besser machen!

Das sind nicht einmal Tagträume, das alles ist nur Ersatz für Tagträume – ähnlich wie ein »Als-ob-Barock«-Besteck mit dünn vergoldeten Teilen aus seinem Inhaber keinen Grafen macht. Es gibt zahlreiche, vergleichbare Gegenstände aus Glas, Porzellan, Metall, Holz oder Textil, die hauptsächlich Utensilien für Ersatzträume sind: wie es anders sein könnte, als es ist. Sie sollen auf die graue Fläche des Alltags etwas anderes projizieren, ohne ihn allerdings zu verändern.

In diesen Fällen geht es also nicht darum, sich selbst zu verwirklichen, wie das jetzt heißt, oder – um es auf alte Weise zu sagen – vor dem lieben Gott ehrlich mit sich selbst und seinen Nächsten umzugehen und aus dem Bestehenden das Bestmögliche zu machen. Es geht um Vortäuschung, mit der Angst im Hintergrund, jede Änderung könnte das, was man hat – oder zu haben glaubt – gefährden.

Ersatzerlebnisse werden verlangt, und der Kitsch macht sie möglich. Das »Als-ob-Leben«, das ständige Sich-Selbst-etwas-Vortäuschen, das ist die Voraussetzung für den Kitschkonsum.

Die schweigende, also resignierte Mehrheit verlangt nicht nur nach Kitsch, sie braucht ihn in allen Gebieten, die früher Bestandteil der Kunst waren, aber auch in der Politik.

II
Diskussion

HERBERT SPAICH

Kitsch oder
»Suche ist ein Abenteuer«

Die Diskussion der Vorträge im Rahmen des Internationalen
Kornhaus-Seminars »Kitsch als soziales Produkt«. In Auszügen
zusammengestellt von H. S.

I

Insgesamt haben die Seminarteilnehmer in Weiler rund 16 Stunden diskutiert. Die Abendvorträge standen jeweils am darauffol-
genden Vormittag zur Debatte. Die Fragen nach den Wirkungs-
weisen und der Bedeutung des Kitsches wurden dabei im Laufe
des Seminars zu einem aufregenden Dialog über Gefühl und
Wirklichkeit in einer von Massenmedien geprägten Gegenwart in
einer Gesellschaft totaler Reproduzierbarkeit ausgeweitet.
Harry Pross hatte sich in seiner Einführung an der Definition des
Kitsches versucht: Ihm antwortete Carlo Mongardini in der mor-
gendlichen Diskussion:

»Was ich in dem Vortrag von gestern als problematisch empfunden habe, ist das Problem, eine Definition des Kitsches zu finden.
Kitsch ist ein komplexes Phänomen, es ist ein fluides Phänomen.
Ich weiß deshalb nicht, warum wir zu *einer* Definition kommen
sollen! Vielleicht ist es der esprit de géometrie, der uns dazu
zwingt. Komplexe Phänomene wie der Kitsch sind nicht darauf
zu reduzieren. Ebensowenig wie es nur eine Definition von Gesellschaft geben kann. Ich habe gemerkt, Harry Pross hat Schwierigkeiten, das Phänomen Kitsch zu lokalisieren! Ich möchte ihm
eine andere Definition des Kitsches entgegenhalten: Kitsch ist
die Unfähigkeit, sich von sich selbst zu distanzieren, in meinem
Leben Distanz zu halten. Ich werde eingewickelt, werde einge-
nommen von den Realitäten der Objekte. Ich werde selbst ein

Objekt, ich werde selbst ein Ding. Simmel schrieb einmal, die Griechen hätten die Fähigkeiten gehabt, Götter als eine Projektion der menschlichen Qualitäten, der menschlichen Fähigkeiten zu schaffen. Von diesen objektivierten Mächten wurden Richtlinien für das tägliche Leben abgeleitet. Wenn wir dieses Beispiel generalisieren, können wir zwischen Kunst und Kitsch, Moral und täglichem Leben unterscheiden. Wenn wir uns dieser Formel bedienen, haben wir eine Definition des Kitsches.«

Dazu sagte Harry Pross:

»Ich habe Kitsch von dem umgangssprachlichen Wort verkitschen abgeleitet. Das heißt schnell verkaufen. Der rasche Umsatz als Zeitproblem. In meiner Theorie bin ich nur zu dem Satz gekommen, daß die Macht von Menschen über Menschen damit beginnt, daß der eine die Zeit des andern besetzt. Die Zeit wird dann verstanden einmal als soziale Zeitrechnung und als subjektive Lebenszeit, die uns zerrinnt, die wir nur einmal haben, die wir verteidigen müssen, mit der wir sparsam umgehen müssen und die uns ständig von anderen weggenommen wird. Das ist das Problem der Kolonialisierung der Zeit. Die Diskussion der Programmierung, die Diskussion der neuen Medien, die Diskussion des Fernsehrituals, die Diskussion des industriellen Arbeitsritus steht bei mir ebenfalls unter diesem Machtaspekt der Wegnahme von Zeit für Zwecke, die nicht die Zwecke des Individuums sind, dem die Zeit weggenommen wird. (...) Ich habe gesagt, daß magisches Denken vorliegt, wo Bild und Sache nicht mehr unterschieden wird, wo also nicht mehr klar wird, daß dies ein Bild von bzw. über eine Sache und nicht die Sache selbst ist. Diese naive, magische Position, in der wir von den Stühlen gerissen werden in bestimmten Kinovorstellungen, wo wir denken, diese Pistole richtet sich auf uns, und wir ergreifen die Flucht, das läßt sich ja herbeiführen. Auf diesem Punkt muß ich bestehen, wenn ich meinen Begriff von Magie erklären will, als sehr differenzierte und weiterer Ausführungen bedürftige Unterscheidung von Wahrnehmung und Vorstellung.«

Abraham Moles:

»Wir leben in einer neuen Zeit der Bildererzeugung. Diese Idee, daß Bilder immer Bilder von etwas sind, hat keine Gültigkeit mehr, vielleicht findet deshalb eine philosophische Revolution statt. Die philosophische Revolution der vom Computer erzeugten Graphik. Die konventionelle Idee der Philosophie, daß es Gegenstände, Objekte gibt, die von Künstlern reproduziert werden, ist nur noch eine platonische Idee. Ich denke da auch an die Photographie: Der Computer kann Photographien von Gegenständen erzeugen, die nicht existieren in der Welt, die aber alle Wahrnehmungsqualitäten der echten Photographie aufweisen. Diese existieren aber nicht. Die Photographie ist nicht mehr Abbild einer ›Realität‹. Das ist etwas Außerordentliches, ein Paradox, das ist eine kreative Schöpfung oder eine Quelle des Kitsches, des Computerkitsches? Aber das hat dann wieder etwas zu tun mit der Idee des guten bzw. schlechten Geschmacks. Für mich hat diese Idee etwas von Revolte (Einwurf: Rebellion). Rebellion, es ist eine Rebellion des schlechten gegen den guten Geschmack, Ich bin außerdem überzeugt, daß wir in einer Welt leben, in der der Kitsch der Wissenschaft ein moderner Mythos ist.«

Harry Pross veranlaßte dies zu der Frage, warum »Kitsch heute nicht mehr nur eine marginale Erscheinung in unserer Gesellschaft, sondern eine zentrale Produktion unserer Kultur ist«.

Moles' Antwort:
»Wir haben keine Möglichkeit mehr, Mythen und Utopien zu entwickeln. Wir sind viel zu sehr in das tägliche Leben vertieft, die Gesellschaft läßt uns nicht genügend Zeit, um Mythologien und Utopien zu entwickeln.«

II

In seinem Vortrag, am zweiten Abend des Seminars, hat Abraham Moles seine Thesen untermauert, wonach jede Kunst »einen Tropfen Kitsch und Kitsch einen Tropfen Kunst« enthält. Dazu in der Diskussion Vilém Flusser:

»Es gibt im Menschen einen schöpferischen Trieb. Durch den Druck, den der gute Geschmack oder der Geschmack im allgemeinen ausübt, wird soweit ich Moles verstanden habe, dieser Produktionstrieb des Menschen unterdrückt.
Ein dialektisches Resultat dieser Unterdrückung der schöpferischen Kraft durch die Gesellschaft ist der Kitsch. Es scheint, daß

es gleichgültig ist, ob ich sage, der Mensch ist von der Gesellschaft verfremdet, oder die Gesellschaft vom Menschen, es geht um eine Verfremdung, das heißt um den Bruch der Relation. (…) Irgendein Nazi hat gesagt: ›Wenn ich das Wort Kultur höre, greife ich zum Revolver!‹ Das ist nicht das Menschliche. Das Menschliche, die Freiheit, das ist die Absicht. Und die Absicht erfordet Gedankenarbeit. Wenn ich also schöpferisch handle, handle ich nicht spontan, inspiriert von irgendeinem Gott, sondern im Gegenteil, ich handle absichtlich, frei. Ich glaube, Moles hat den Begriff der Freiheit vertuscht.«

Abraham Moles antwortete ironisch:

»In dieser Situation ist Kitsch das Schicksal der Menschheit, besser ausgedrückt, der Gesellschaft. Ich glaube, die kreative Kraft ist nicht mehr im Künstler, sondern im ›Auswähler‹, in der Galerie. Eine Macht, vergleichbar dem Management eines Warenhauses.«

Carlo Mongardini:

»Das Konzept der sozialen Systeme scheint mir noch schlimmer als das Konzept Gesellschaft, aber ich akzeptiere, daß es eine Theorie gibt, die uns zeigt, wie soziale Phänomene sich artikulieren in sozialen Systemen. Das ist eine realistische Perspektive. Was ich nicht akzeptiere, ist das, was wir heute soziale Systeme nennen. Diese Artikulation von, ich weiß nicht mehr, wie Sie gesagt haben, von verschiedenen Netzen, ist das Produkt einer Epoche, in der es eine bestimmte Hierarchie von Werten gegeben hat, einer Epoche, in der das wirtschaftliche Denken dominierte, so wie im Mittelalter das religiöse Denken bestimmend war. Warum müssen wir uns die Zukunft als eine einheitliche Linie vorstellen, die diese Werthierarchie verfolgt? Der Mensch hat immer wieder neue Werte geschaffen, neue Formen von Zivilisation produziert. Wir befinden uns – meiner Meinung nach – am Ende einer Epoche. Dabei ist Kitsch eine individuelle Haltung, die wir mit Regressionen produzieren. Also ist jedes Individuum ein Kitsch-Mensch, wie Harry Pross in seinem Vortrag gesagt hat, wenn er versucht, den Druck der Realität zu überwinden. Er versucht, die primitive Einheit des Kindes zu rekonstruieren. Die Einheit der ersten Monate, wenn es keinen Unterschied gibt zwischen Subjekt und Objekt. Wenn er dann den

Druck der Realität fühlt, versucht er zu regredieren, produziert Kitsch, um sich damit zu verteidigen, sich von diesem Druck zu befreien. Das ist die Unfähigkeit, sich von sich selbst zu distanzieren, Kitsch als Suche nach einer Verteidigung gegenüber der Realität.«

Abraham Moles:

»Ist es wirklich eine Unfähigkeit, sich von sich selbst zu distanzieren? Oder ist es umgekehrt die Chance, eine kleine Teilideologie zu entwickeln, im großen totalen System der Gesellschaft. Sie und Herr Flusser meinen, ich sei ein scheuer Repräsentant der kulturellen Demokratie. Das ist kurios. Aber vielleicht habe ich nicht genügend die Vorzüge des Kitsches betont. (...) Was wir hier machen, ist ein Abenteuer, diese Suche ist ein Abenteuer. Ich interpretiere sehr viel. Aber die Grundidee ist da, Benützung. Ästhetische Aktivität gleich kreativer Aktivität, Neue Wege in einem Labyrinth zu suchen und zwar auf der Ebene von Werten. Ich glaube, das ist eine gute Metapher, um die Diskussion etwas klarer zu machen.«

III

Die dritte Diskussionsrunde eröffnete Philipp Wambolt mit einem ausführlichen Statement zum Grundsätzlichen des Themas und zum Referat Vilém Flussers:

»Ich habe heute nicht zufällig meine Lederhose an. (›Sie ist schön‹.) Ich bin in ihr aufgewachsen, und ich trage sie seit vielen Jahren nicht mehr, da ich im Industriegebiet lebe, und dort sagen die Leute zu mir dann immer: ›Grüß Gott, Herr Jäger.‹ Ich trage sie mit Betroffenheit. Das ist ihre Eigenart, daß sie zweiseitig ist. Ich trage sie mit der Betroffenheit, und es ist boshaft, wenn ich das so formuliere. Die Dinge kommen, wie sie mit dem Computer bereits festgelegt sind. Sie haben gesagt, das Computerprodukt ist wesentlich schwieriger zu analysieren als das Nicht-Computerprodukt. (Einwurf: ›Das ist wahr.‹) Ich bin selber nicht mit Computerprodukten umgegangen und bin deswegen vor Ihnen ein Steinzeitmensch. Ich kann Ihre Überzeugung oder Ihren Glauben nicht teilen. (Einwurf: ›Ich habe keinen Glauben.‹) Dann ist es eine Überzeugung. (Einwurf: Auch nicht, ich habe Katastrophen ausgeklammert.‹) (Weiterer Einwurf: ›Aber nicht die permanente Katastrophe.‹) Sie haben sie ausgeklammert für Ihr praktisches Leben, für Ihr Verhalten. Vielleicht kommen Sie am Ende auf Grund von der Interpretation des Zweiten thermodynamischen Hauptsatzes zu einem Konzept für das aktive Leben. ... Das ist das Problem Hannah Ahrendts: Wie kann man nach Auschwitz philosophieren? Man muß aber doch! Die Auseinandersetzung, die hier läuft, hat sehr tiefe Gräben. Ich habe mich im ersten Moment über Ihre Hinwendung zum zyklischen Weltbild gefreut. Mich dann aber gewundert, daß nicht einmal in einem Nebensatz gesagt wurde, daß es auch andere gibt, die den Wandel vom linearen zum zyklischen Weltbild machen, aber in einem sehr anderen Sinne wie Sie, Herr Flusser. Wenn wir hier über Kitsch reden, ergeben sich für mich zwei Möglichkeiten. Entweder eine gründliche Übung am Einandervorbeireden oder eine Einübung in das Hineinreden, eine Einübung in das Zuhören. Und was bei dem zyklischen Weltbild, so wie ich es verstehe, diesseits von Aristoteles, einsetzt, ist das Mythisch-Magische, ist das Vorlogische. Ich habe eine Zerstörung der logischen Welt in Form von KZ und anderem erlebt. Für mich stellt sich die Frage, wie können wir damit umgehen, nachdem uns das lineare Weltbild nicht gerettet hat? Ich habe Sorge, erdrückt zu werden von einigen wenigen Spezialisten, die die Apparate beherrschen, und anderen, die man gegebenenfalls in einigen Jahrzehnten so züchtet, daß sie nicht einmal mehr Arme und Beine brauchen.«

Vilém Flusser:

»Ich fürchte, mein gestriger Vortrag war ein Exempel für das alte Kommunikationsgesetz, je größer die Information, desto schwieriger die Mitteilung. Infolgedessen habe ich an die Tafel drei Punkte aufgemalt, die mir am Herzen liegen, weil ich fürchte, daß sie im Wust der übrigen Informationen verlorengehen. Ich möchte mich aber nun doch verwahren: es war nicht eigentlich ein zyklisches, sondern ein epizyklisches Modell. Ich würde die beiden Einwände, die Sie gegen mich haben, nicht akzeptieren. Ich glaube nicht, daß der Kulturprozeß kumulativ ist. Im Unterschied zu Ihnen halte ich das Vergessene und das Halbvergessene für kolossal wichtig. Nicht nur weil alle Ordnung, die wir stiften, in Unordnung verfallen muß, daß alle Häuser, die wir bauen, zu Ruinen werden, daß alle Papiere, die wir beschreiben, vergilben und verfallen, sondern weil es vor unserer eigenen Kultur eine ganze Serie von Kulturen gegeben hat, von deren Existenz wir keine Ahnung haben. Es sind Löcher da, die wir irgendwie auffüllen müssen.«

Vor dem Hintergrund von Erfahrung und Vergangenheit meinte darauf Harry Pross:

»Nicht die Vergangenheit selber wird verkitscht, sondern es werden Zeugnisse herausgenommen, einzelne Elemente, eben das, was man eben noch vorfindet. In der Vermischung heterogener Elemente von Zeugnissen der Vergangenheit scheint mir das eigentliche Kitschproblem zu liegen. Nicht in Vergangenheit und Zukunft oder so. Bei der Zukunft könnte man sich überhaupt noch streiten, ob es so etwas gibt. Es ist wahrscheinlich gar keine allgemeine Zukunft zu erwarten, sondern Zukünfte, die aus jeder Bewegung, aus jeder Handlung, die wir unternehmen und die uns in einen andern Raum führt, die uns in eine andere Bewegung versetzt, entstehen. Meine Zukunft, wenn ich jetzt mich zu der Wand in Bewegung setze, ist diese Wand. Das ist die Zukunft, hier zehn, zwanzig Schritte. Ich glaube, lieber Freund (Flusser: ›Sehr gut, daß Sie das sagen. Sie irren sich zwar total, aber es ist gut, daß Sie es sagen!‹), im Zusammenhang mit dem Kitsch muß hier noch nachgedacht werden. Es geht also nicht um die Vergangenheit, sondern um die Zeugnisse der Vergangenheit, und nicht um die Zukunft, sondern um die Zukünfte.«

Den politischen Aspekt dieses Problems kommentierte daran anknüpfend Carlo Mongardini:

»Ich habe angesichts der im Moment geführten Diskussion noch den Unterschied zwischen totaler Ideologie und Partialideologie im Kopf: also Ideologie als Interpretation einer Epoche mit Vorschlägen zur Lösung der Bedürfnisse des Menschen in einem Moment der Geschichte. Das ist Karl Mannheim, und das ist ein Versuch, nach Marx weiterzudenken. (Flusser: ›Vielleicht ist da ein Problem, vielleicht meine ich aber mit Ideologie auch das, was man unter Ismus versteht. Meinen Sie was anderes? Sie meinen ein Programm, und ich meine einen Ismus.‹) Es gibt auch den Willen, Effekte zu produzieren. Das ist mit partieller Ideologie verknüpft oder nicht? (Flusser: ›Das was Sie partielle Ideologie nennen, ist das, was ich Ismus nenne!‹)«

Vicente Romano:

»Also, Herr Flusser, gestern als ich Ihrem Vortrag zuhörte, da mußte ich unbedingt an meinen Landsmann Don Quichotte denken. Ich bin auch aus La Mancha und habe an eine Stelle des Buches gedacht, als er die Windmühle angreift und er in die Luft geschleudert wird und anschließend zu seinem Diener Sancho Pansa spricht: ›Sancho, mein Bruder, trotz alledem glaube ich noch an den Menschen!‹ Wie Sie wissen, können die gesellschaftlichen Informationsprozesse nur adäquat beschrieben werden, wenn sie Bedeutung und Zwecke für die menschliche Gesellschaft einschließen. Die mathematische Informationstheorie ist ein Wahrscheinlichkeitskalkül. Aber Information ist, wie wir wissen, immer mit psychologischen Faktoren verbunden. Faktoren natürlich, die schwer zu formalisieren und quantifizieren sind. Was und wer weiß, was ein Lächeln ausdrücken kann oder wie man ein Lächeln interpretieren wird? Die Reaktionen können unendlich sein.«

IV

Den Prospekt einer Kitschgesellschaft entwarf am Abend Carlo Mongardini in seinem Vortrag, für Vilém Flusser das »Bild einer Hölle«:

»Natürlich eine Situation, in der wir von einem Schwall von unorganisierbaren Informationen überschwemmt werden und uns darin nur retten können, wenn wir in Kitsch verfallen. In der Alternative, die uns der Professor Mongardini vorgestellt hat, gehen wir zurück auf das rationale Denken, ordnen wir die Sache nach den linearen Regeln, wie sie von Aristoteles aufgestellt wurden.
Ich glaube nicht, daß wir fähig sind, uns in dieser Welt der schwirrenden Quanten und des Informationsbilds der Dezisionselemente und dessen, was der Abraham Moles die Aktome nennt, rationell orientieren zu können. Ich habe deshalb auf die Tafel ein Bild gemalt, weil ich überzeugt bin, daß das bildliche Denken unverhältnismäßig adäquater ist für unsere gegenwärtige Zeit des linearen Textdenkens.«

Carlo Mongardini:

»Ich bin a little confused über die Probleme, die der Professor jetzt präsentiert hat. Es ist eine ganze Weltauffassung. Dieses Bild des transrationalen Denkens ist mir verdächtig: Es scheint mir wie jene platonischen Ideen, die da sind, und die wir angeblich realisieren müssen. Ich habe immer Angst vor absolutistischen Erfahrungen. Was hat die Rationalität zum Beispiel, was hat die Wahrheit mit der Wirkung zu tun? Wir müssen postulieren, daß der Mensch total rational ist, um zu gleicher Wahrheit und Wirkung der Ideen zu kommen. Wenn wir glauben, daß eine Idee wahr ist und wir unbedingt Wirkung haben wollen, dann ist die Folge Absolutismus, Tyrannei, undemokratisches Denken. Ich meine, Ideologien geben die Grundwerte für soziales Handeln. Außerdem glaube ich nicht, daß es Rationalität außerhalb der Geschichte gibt. Jede Rationalität ist tief mit einer geschichtlichen Epoche verbunden. Was wir Rationalität nennen, ist die gesamte Realität unserer Grundwerte, wie wir sie akzeptiert haben. Also existiert auf der einen Seite die Entwicklung eines Modells der Rationalität und auf der anderen partielle Ideologie, politische Ideologien. Sie entstehen aus den Bedürfnissen der Menschen und ihren Vorschlägen für eine Gesellschaft, wie sie sein könnte, um diese Bedürfnisse zu befriedigen. Der Mensch kann nicht leben ohne diese Ideologien, auch nicht ohne partielle Ideologien.«

Über die Verbindung von Ideologie und Kitsch anschließend Harry Pross:

»Der Kitsch kann den Rückzug ins Private decken: Verkleinerung, Anpassung der Welt, der ungeheuren, nicht verstehbaren Welt auf das Wohnzimmer und auf das Schlafzimmer und auf die Wohnküche und den kleinen Bereich, in dem wir hausen, da ist der Kitsch das geeignete Mittel. Das ist der eine Kitsch. Kitsch spielt aber auch in den Agenturen der Propaganda eine große Rolle. Hier wird Kitsch eingesetzt, um die Leute aus ihrer Privatheit wieder rauszukriegen, um diese kleine Welt für neue Ideologien aufnahmebereit zu machen. Weiterer Gesichtspunkt: Der Rückzug ins Private wegen ungenügender öffentlicher Ideologie. Man muß sich absondern, man muß sich auszeichnen, man muß sich anders anziehen, sich einen andern Habitus zulegen, um sich abzusondern; und gerät dadurch in die Sphäre des Verkitschens. Dann werden die kleinen Götter aufgestellt, und wer jemals in einem revolutionär besetzten Haus in Berlin-Kreuzberg war, der weiß, daß die Inneneinrichtung keineswegs dem revolutionären Anspruch gerecht wurde, sondern daß die Anordnung der Möbel durchaus kleinbürgerlichen Vorstellungen entsprach. Kitsch als Mittel der Macht, das ist, glaube ich, ein ganz, ganz wichtiges Thema, wenn wir uns darüber klarwerden wollen, ob diese neue »Informationsgesellschaft«, die so unterschiedliche Leute wie Moles und Flusser und Karl Steinbuch uns predigen, nicht ein Etikettenschwindel ist für eine Emotionsgesellschaft, eine Gesellschaft der unbefriedigten Bedürfnisse großer Massen von Leuten, die von einer ganz kleinen Gruppe, die über die Apparaturen zur Programmierung verfügt, gelenkt wird.«

Abraham Moles führte hier den Begriff der Zeit erneut in die Diskussion ein:

»Wichtig für die Klärung des Kitschproblems ist die poröse Zeit. Porös, das heißt halb voll: ich bin gezwungen, hier und da zu bleiben, zu warten. Zum Beispiel bei der Benutzung von Verkehrs- bzw. Transportsystemen. Zwar bin ich frei und habe nichts zu tun, aber ich warte. Mein Geist ist leer, aber mein Körper ist beschäftigt. Diese Erwartung ist eine relativ neue Situation für den Menschen. Nicht, weil sie jetzt erfunden worden ist, sondern weil sie eine soziale Bedeutung bekommen hat, die sie vorher nicht hatte. Was ist nun zu tun in dieser porösen Zeit? Mein Geist ist nicht beschäftigt, mein Geist ist vage leer. Warum ihn nicht ausfüllen mit einer semi-künstlerischen, gut verkitschten Aktivität? Das wäre positive Kompensierung dieses ›freien‹ Bereichs zur Kitschabsorbierung. Porös ist wie ein Schwamm, halb voll, halb leer. Dieser poröse Schwamm ließe sich in einem Kulturbad mit Kunst- und Kitsch-Produkten anreichern.«

V

Vicente Romanos Thesen über Religion und Kitsch – vor dem Hintergrund der spanischen Geschichte – waren für Abraham Moles Anlaß zu einer weiteren Erläuterung seiner Definition von Kitsch angesichts von »verkitschten« religiösen Inhalten:

»Ich bin sehr beeindruckt, wenn ich in Mexico zum Beispiel die
sehr klugen Techniken der Vermischung zwischen einer starken
alten und einer modernen Religion betrachte. Sie haben uns gestern eine sehr faszinierende Beschreibung von dieser Verkitschung der Reden, der Prozessionen, der Spektakel, der Volksfe-
ste usw. gegeben. Das geht sehr tief. Und sicher, das ist Verkitschung der Religion. Aber ich weiß nicht, ob Religion davon zu
trennen wäre. Wir haben hier einen grundsätzlich dionysischen
Faktor. Diese dionysische Kraft wird zwar durch Reden und Ri-
ten in einem System kanalisiert, verfügt aber über eine eigene
Spontaneität.«

Die expressive und auch repressive spanische Religiosität – insbesondere in der Ära Francos – setzte Harry Pross mit dem deutschen Nationalsozialismus in Beziehung: Jenes religiöse Kasten-
system mit seinem messianisch-elitären Anspruch und dem ›reinen‹ Kitsch der Gefühle:

»Ich erinnere mich an Verkitschungen durch Anlegen bestimmter NS-Uniformen. Es gab für die reichen Leute die Reiter-SS,
beispielsweise. Das war eigentlich ein Herrenclub, der sich uni-
formiert hatte. Und es gab für andere wohlhabendere Leute, die
über ein Automobil verfügten, was ja nicht selbstverständlich
war in den dreißiger Jahren, das NS-KK, das nationalsozialisti-
sche Kraftfahr-Korps. Da saßen dann die Bankdirektoren in ihren braunen Uniformen einmal im Monat in irgendeiner Wirtschaft und waren durch ihre Mitgliedschaft den Machthabern un-
verdächtig. Das ist eine sehr viel weitergehende Form als z. B. die
der zur Tarnung angezogenen Krawatte. Das nenne ich auch eine
Form der politischen Verkitschung, weil da zum raschen Umsatz
Effekte erzielt wurden. Was mir aber jetzt noch fehlt, ist eigentlich die Brücke der Massenregie in Spanien zu der Massenregie
der Olympiade. Diese Brücke ist wahrscheinlich leicht zu finden,
wenn wir uns die Mühe machten, ikonologisch vorzugehen.
Wenn wir den Bildaufbau der Fernsehinszenierung der Olympischen Spiele von Los Angeles vergleichen würden mit dem Bildaufbau der frommen Bilder. Soweit sie Verkündungscharakter
haben, würden wir sehen, daß da verblüffende Ähnlichkeiten bestehen. Daß also ein bestimmtes Muster des Sehens sowohl dort
wie hier angesprochen wird. Und natürlich sprechen wir auf diese
Muster an.«

Einen anderen Aspekt des Design betonte Kurt Passon, ein Gesprächsteilnehmer:
»Ich bin Bildhauer. Mich fasziniert die konsequente Form, z.B. die einer Rakete. Da ist bei mir freilich auch Angst vor dieser perfekten ›Bildhauerei‹, da stimmt jeder Quadratmillimeter und das Ding platzt auch noch! Also habe ich mir gesagt, gehe ich unter die Erde und such mir da die Kunst, die urige, mit meinem Pflug, und ackere wie ein Bauer. Mein Professor Hiller hat mir einmal gesagt, Du kannst alles machen, Schnörkel, Ornamente, Falten: nur muß die Form stimmen. Ein Baum, das ist ebenfalls eine phantastische Form, eine Säule, und die Rinde ist porös und schön.« Michael Hofmann hierzu: »Die Rinde ist nicht der Kitsch. Aber gewisse Objekte bleiben nur Dokumente, sind Artefakte. Und selbstverständlich kann man sich darüber zanken, ob das Wort Artefakt dies einschließt oder nicht. Die Gegenüberstellung von Oberflächen- und Tiefenstruktur scheint mir in der Tat das entscheidende Problem zu sein, zumal Kitsch nur mit Oberflächenreizen arbeitet. Der Unterschied zu Kunst ist natürlich, daß Kitsch verspricht, in kürzester Zeiteinheit, und auch versprechen muß, in kürzester Zeiteinheit die letzten Fragen zu beantworten, nämlich die Wahrheitsfrage. (Einwurf: ›Ist jetzt die Rakete kitschig oder nicht?‹) Bitte? (Einwurf: ›Ist die Rakete jetzt Kitsch oder nicht?‹) Ist der absolute Kitsch! Die Rakete ist Kitsch, wenn man sie nicht als das betrachtet, was sie ist, nämlich als ein ganz bestimmtes technologisches Instrument. Das ist aber nicht mehr der Fall. Das war auch nie der Fall. Seit dem Bau von Cap Canaveral sind da die Leute hingegangen und haben sich als naturwissenschaftlich interessierte Laien da nicht hingestellt und den Start der Rakete beobachtet, sondern sie haben den Triumph der Menschheit, den Triumph der Erkenntnis, den Triumph der Amerikaner, den Triumph der Sowjets, gefeiert. Sie haben die Rakete nicht als das genommen, was sie ist, Technologie, und das ganz klar getrennt von allen gesellschaftlichen Verkitschungen, also von allen gesellschaftlichen Überbauten, von allen Philosophien, was wir jetzt alles erkannt haben. (Einwurf: ›Können Sie sich vorstellen, daß man etwas anderes feiert als den Triumph des Geistes?‹) Ich habe ganz deutlich hingewiesen auf die Unterscheidung zwischen naturwissenschaftlichem Denken, also die Anwendung von kritischem Denken auf gesellschaftliche Verhältnisse. Der Vorsprung der Naturwissenschaft ist eindeutig.

Aber die Naturwissenschaft kann nur die Probleme der Naturwissenschaft, nur technologische Probleme lösen.«

Christa Dericum:

»Ich möchte an das nicht stattgefundene Gespräch über den ›kleinen Mann‹ erinnern, das immer wieder angetippt worden ist. Alle waren unzufrieden mit diesem Begriff. Aber es ist nicht weiter darüber diskutiert worden. Ich komme darauf zurück in Zusammenhang mit der Rakete. Die Rakete als philosophisches Problem, ›Rakete als Kitsch‹. Auf der anderen Seite die Menschenkette für den Frieden, die hier auch als Kitsch bezeichnet wurde. Michael Hofmann hat das gesagt, und in seinem Zusammenhang war das theoretisch einleuchtend. Aber: Die Philosophen sind bis jetzt nicht imstande, dem »kleinen Mann« eine Handhabe zu geben, wie er mit der Rakete umgehen soll. Auf der einen Seite steht also das philosophische Problem und das Händehalten auf der andern Seite. Ich finde es eine Unverschämtheit, wenn die Philosophen, statt dem ›kleinen Mann‹ die Hand zu reichen, ihm erklären, das, was ihr da macht, da unten, Händehalten in Menschenkette, ist Kitsch.«

VI

Vilém Flusser anschließend zum Grundsätzlichen bei den Diskussionen dieses Seminars:

»In Anwesenheit unseres spanischen Freundes möchte ich auch, wie er es neulich getan hat, auf Don Quichotte zurückkommen. Er stürzt nachts in einen Brunnen und kann sich im letzten Moment an dem Rand festhalten. Und so hängt er die ganze Nacht, bis er beim Morgengrauen erkennt, daß der Brunnen zugeschüttet ist und nur zehn Zentimeter unter seinen Füßen die Erde beginnt. Das ist ein Beispiel für Komik, wenn man Komik im Sinne von Jean Paul faßt als das umgekehrte Erhabene. Ich wollte mit dieser Anekdote einen partiellen Eindruck von unserer Konferenz geben, die ja der Komik nicht ganz entbehrt, weil ja hier mit verschiedenen nicht adäquaten, aber scheinbar gleichgemeinten Begriffen gearbeitet wird und man mit schöner Sicherheit ununterbrochen aneinander vorbeiredet und im Wesentlichen doch

153

dasselbe meint. Man sollte vielleicht die Hände einfach loslassen und die zehn Zentimeter Sturz mal in Kauf nehmen.«

Philipp Wambolt:

»Kitsch ist ein Produkt, ein soziales Produkt. Selbstverständlich ist auch Kunst ein soziales Produkt, nur sind die Wesensfragen da anders. Ich würde es so formulieren: Das Wesen der Kunst ist das Unwesen des Kitsches. Und darum haben wir in einem gelungenen Kunstwerk das Wahrheitsphänomen in der Negativität. Wir können die Gesellschaft, so wie sie ist, nicht als positives Wesen auffassen. Und darum ist das Wesen der Gesellschaft ihr Unwesen, und das macht den Wahrheitsgehalt von Kunst aus. Also wir dürfen nicht immer so tun, als sei Kunst das Erhabene. Wenn wir das nämlich tun, ist es das Komische. Kunst hat dann insofern mit Kitsch zu tun, als sie das Unwesen des Kitsches wirklich zum kritischen Wesen ihrer selbst macht.«

Darauf erwiderte Jan Kotik:

»Wenn irgendeine Wahrheit in der Kunst ist, ist es das Streben nach Vollständigkeit. Und diese Vollständigkeit kann man nicht ausdrücken. Und in jedem Falle, wenn man über Wahrheit in der Kunst spricht, denkt man, diese Wahrheit decke sich mit der eindeutigen Wahrheit in der Wissenschaft oder was wir im Alltag als Wahrheit betrachten. Von diesem Standpunkt aus sind alle Kunstwerke Lüge, aber nur von diesem begrenzten Standpunkt aus. Ich meine, viele Mißverständnisse entstehen dadurch, daß wir gewisse Erscheinungen so zu definieren suchen, als ob es meßbare Objekte seien. Und wenn wir sehen, daß das nicht möglich ist, oder daß in diesem Bereich keine Abgrenzungen möglich sind, dann bedienen wir uns unscharfer Ebenen. Ich will das nicht sagen in bezug auf Kunstwerke, eindeutige Kunstwerke sind kein Kitsch. Wobei angewandte Kunst auch schrecklich kitschig sein kann. In der Wissenschaft ist es bei den Werken der Fall, die die Wissenschaft popularisieren. Hier ist Kitsch Vortäuschung. Wenn wir diese Achsen akzeptieren, dann können wir über ein Objekt sagen, das ist mehr Kitsch, ja, als es Kunst ist, oder näher dem Kitsch als der Kunst usw.«

PHILIPP WAMBOLT

Ergebnisse – Fragen – Standpunkte

Ich freue mich über meine Aufgabe, am Ende dieser Tage Ergebnisse, Fragen und Standpunkte zusammenzufassen. Aber ich verstehe sie nicht so, daß ich selber die Zusammenfassung gebe, sondern daß wir, so wie wir hier sitzen, unsere Überlegungen noch einmal miteinander verflechten.

I. Definitionen

Kitsch	= Macht(mittel)	(Pross)
	= Notwehr	(Mongardini)
	= Rebellion	(Moles)
	= uneigentliche Sprache	(Lamprecht)
	= Nichtengagement	(Kotik)
	= Abfall-Recycling	(Flusser)
	= Entfremdung	(Romano)
	= Fehlen sozialer Identität	(Wambolt)

Diese Ausdrücke stehen in den Texten der Referenten, haben sich mir eingeprägt und erstellen Zusammenhang sowie Gegensätze des Phänomens »Kitsch als soziales Produkt«.

In den Definitionen, in den Umschreibungen und Interpretationen des Themas kommen die Standorte und »Umlaufbahnen« zur Geltung, von denen aus der Autor die gegenwärtigen gesellschaftlichen Prozesse ins Auge nimmt, bzw. von denen aus er Lösungen angeht.

Ich sehe angesiedelt: bei Plato/Aristoteles – Jan Kotik; bei Heidegger/Adorno – Helmut Lamprecht; bei Sartre – Abraham Moles; bei Auguste Comte – Vilém Flusser.

Comte hat im Drei-Stadien-Gesetz gesagt – und das behält viel von seiner Gültigkeit bis in die Zeit von heute hinein –, es habe

155

zuerst eine mythisch-magische Epoche gegeben, dann die philosophische der Aufklärung und schließlich die naturwissenschaftliche. Bei Flusser sehe ich im pragmatischen Zugriff eine Entscheidung für das naturwissenschaftliche Stadium, und zugleich spüre ich starkes Heimweh nach dem Humanismus des philosophischen Stadiums.

Harry Pross hat sich in einigen Anmerkungen in die Nähe von Comtes dritter Phase gestellt. Und wo Flusser von Linguistik spricht, höre ich die Stimme jener Linguistik, die mit naturwissenschaftlichen Methoden dann als rotem Faden arbeitet, um Organisationsstruktur bemüht.

Hier schließt sich auch das Verständnis von Michael Hofmann an: in die Mitte gestellte Zweckrationalität und Zweckoptimierung als bester Dienst am Menschen.

Eine Anmerkung sei mir erlaubt; von einer Lücke muß ich reden. Es sind viele da, die über Magie und Mythos reden, aber niemand, der die Diskussion der letzten zehn Jahre, vor allem der französischen Linguisten und Anthropologen bzw. der Kritiker der naturwissenschaftlichen Ansätze deutlich gemacht hätte. Es gibt ja einen so schönen frechen Titel in Deutschland von Claudio Hofmann,»Smog im Hirn«.

II. Stichworte und Anmerkungen zu den Referaten

Pross: Kitsch als Machtmittel, das war bei Pross gesagt, und dazu ausdrücklich: Abschiednehmen von Geschichtsbildern als Ruhekissen; wer davon spricht, weiß vom Genuß der Ruhe, und er weiß auch von der Notwendigkeit des Unterwegsseins. Trotz der Nähe zu Comtes dritter Phase ist es bei Pross die Philosophie, die interpretiert. Auf sie hat er rekurriert unter dem Schlagwort unseres gemeinsamen Lehrers Alfred Weber: immanente Transzendenz.

Flusser:»Abfall-Recycling« – das kann nicht bloß einem Grünen gefallen. Kitsch als Abfall und Wiederverwendung dieses Abfalls. Das ist eine Entscheidung für Comtes dritte Phase und zwar eine dezidierte.

Hat Flusser Heimweh nach dem Humanismus? Meine Notizen spiegeln etwas Eigenartiges: hier ist mehr gemalt als geschrieben, das liegt vielleicht an der Vielfalt seiner Einfälle und Assoziatio-

156

nen', und mir scheint, daß ein Zuordnen fast so schlimm wäre, wie ein Ölbild nach Fäden auseinanderzunehmen.

Abschied vom Humanismus, Geschichte als etwas zwischen Kultur und Natur, nachgeschichtliches Denken, Werturteilsfragen neu stellen über Max Weber hinaus? Kann man überhaupt Fragen nach Werten stellen, wenn es so ist, wie es jetzt ist?

Oder der Satz, es gebe keine Meisterwerke mehr. Es gibt keine Meisterwerke mehr, wie wir sie hier in diesem Haus sehen können, wo die Hand des Meisters zu spüren ist, wo also auch etwas widerhallt? Es gibt keine Meister mehr?

Ein anderer Satz: »Kitsch ist Schicksal.« Und wieder ein anderes Wort: »Zerrissene Fäden«.

»Apparatur des Kalküls.« Mir klingt dann im Ohr: Kalkül der Finanzberatung. Und zugleich im selben Ohr: »Prag Kafkas oder das Schloß Kafkas.« Abfall-Recycling statt Schloß?

Moles: Kitsch ist Revolte, ist Rebellion, ist Revolte gegen das Diktat des »Guten Geschmacks«,
– als Totalitarismus ohne Gewalt,
– als Zugriff, der überhaupt nicht hart ist und alle packt,
– als Qualifikation der Umgebung,
– als operationales Fabrikationsprinzip (Popper).

Apollo ist entthront; »kitschig«: als adjektive Abqualifizierung der Sachen, besagt nichts mehr.

Kanon – gibt es noch einen? Gilt er noch? Gilt er bei Minderheiten? Wie lange noch?

Kanon – vielleicht besteht noch einer, und zwar in nicht miteinander zusammenhängenden Stücken? Liebe... Respekt... Authentizität... (Moles' Rede gedieh zur polymedialen Veranstaltung und ist als solche in Sprache nicht wiederzugeben. Gedruckt fehlt ihr sowohl der visuelle wie auch der akustische Anteil.)

Mongardini: Das Fluidum der anderthalb Stunden, in denen Mongardini sprach, sitzt mir auf der Haut in diesem Moment, in dem ich als Berichterstatter Gesichter wechsle. »Kitsch ist Zentralkitsch und nicht marginal.« Das war gegen Moles gesagt.

Kitsch: ein Versprechen: mehr Zeit mit Nutzen.

Kitsch: Wahrheit der Idee und zugleich Wirken der Idee und so schön das Papier, auf dem alles steht; man kann es nebeneinander lassen.

Kitsch-Litanei: Abgespaltenes Leben – Etikettenschwindel –

Falschgeld – Sich nicht engagieren – Nicht sentimental werden –
Nicht das Phantastische herauslassen – Nicht das Wunderbare –
Nicht eigene Unabhängigkeit.
Schlechter Geschmack als: Ausweichen vor Leere. Schlagwort
auf der Kiste der Leere:»Informationsgesellschaft.«
Romano: Kitsch = Entfremdung. Und es stehen die Fragen hier:
»Gilt schon die Zukunft?«»Gilt schon die Freizeit in ihr?« Und
wieder litaneihaft: Industrielle Gesellschaft – Quantitativ – In-
tensität – Zeitmangel – Macht – Sklaverei. Es fällt der Name:
Alexis de Tocqueville. Und jetzt eine Steigerung in der Psalmo-
die: Eigen – Enteignet – Verfügt werden. Die Summe daraus:
Marktanteil – Marktschranke. Und die Kehrseite: Konsens. Ja?
Nein?
Lamprecht: Dieser Überblick über Lamprechts Rede leidet am
Verlust der Eigenart der Sprache und der Sprachen, wenn man
nebeneinander nimmt, was aus Bremen jetzt kommt, was in
Frankfurt war, was im Schwarzwald lebte.
Kitsch – uneigentliche Sprache (»Jargon der Eigentlichkeit«).
Mehrheiten – Minderheiten, Ausstieg, Möglichkeiten des Prole-
ten. Zerfall. Zersplitterung der Gruppen. Das Unheil konsumie-
ren, als wäre es Heil. Neue Gefühle der Seinsbejahung (Seins-
gläubigkeit?). Kunst und dieses schöne Gebilde, das da Gedan-
kenstrich heißt. Kunst – Masse (wie könnte das Verhältnis sein?).
Kotik: Kitsch = Nichtengagement. Der Computer kann zeichnen
(Graffiti), noch ist er nicht in der Schweiz eingesperrt.
Wambolt: Leise füge ich für mich selbst hinzu: Kitsch – Fehlen sozialer Identität.

III. Politische Weiterungen

Vicente Romano fühlt sich vom Kitsch erdrückt. Er sieht ihn als
Kommerzialisierung von Stereotypen, d.h. als Vereinfachung,
Verallgemeinerung, Standardisierung. Zusammengefaßt lautet
das Unbehagen: Da die Realität vielseitig, plural und komplex
ist, hilft der Kitsch nicht, uns einander näher zu bringen. Dazu
braucht man Analyse, gegenseitigen Austausch, Kommunikation miteinander, nicht aber Kommerzialisierung von Gefühlen,
heute vor allem mit den Ängsten der Menschen: Angst, arbeitslos zu werden, Angst vor atomarem Krieg.

Wir suchen aber Zuflucht zum Kitsch als dem Einfachen, nicht Problematischen, d.h. aber: den anderen die Lösung unserer Probleme überlassen, die dann unsere Probleme übernehmen und sie in ihrem eigenen Interesse manipulieren.
Wir sollten unsere Angelegenheiten selbst in die Hand nehmen, nicht einfach in die Hände der Spezialisten geben, sie nicht dem neuen Klerus einfach überlassen.
Selbstbestimmung bedeutet: sich von den uns aufgezwungenen Ängsten zu befreien. Der entfremdende und reduzierende Kitsch erzeugt ein konformistisches Bewußtsein.
Da das Bewußtsein ein Produkt von Handeln und Erfahren ist, muß man andere soziale Verhältnisse schaffen, die es den Menschen erlauben, sich gegenseitig mit persönlichen Erfahrungen zu bereichern und keine Ausbeutung ihrer Seelen (Harry Pross) durch fremde Gewalten zu dulden.

IV. Diskussion:

Wambolt:
»Wir haben vorgesehen, zunächst das Gespräch in Gang kommen zu lassen, wie es die Reihenfolge der Redner, der genannten Redner war.«
Harry Pross:
»Worüber wollen wir sprechen: über das Papier von Wambolt, oder über den Kitsch? Wenn wir über das Papier sprechen, dann muß ich zuerst sagen, daß ich mich falsch katalogisiert finde: die Nähe von Comte ist die Nähe eines jeden Menschen, der jemals in Deutschland Soziologie studiert hat und weiter nichts. Was ich seit fünfzehn Jahren und länger mache, geht eigentlich nicht von Comte aus, sondern mehr von der Philosophie der symbolischen Formen von Ernst Cassirer. Infolgedessen kann ich auch die Lücke bei mir nicht entdecken, die hier angemerkt ist, daß die Diskussion der letzten zehn Jahre der französischen Linguisten, Anthropologen vor allem, nicht aufgenommen und fortgeführt worden sei. Natürlich ist die Arbeit von Bourdieu und Baudrillard aufgenommen worden – glaub ich – in allen Beiträgen, die hier vorgetragen worden sind. Was die Diskussion von Magie und Mythos angeht, gibt es ja die eigenständige Diskussion dieser Phänomene, die aus dem Neukantianismus und der deutschen

Soziologie herkommt und durchaus in den letzten zehn oder fünfzehn Jahren nicht geschlafen hat, sondern parallel lief zu dem,
was in Frankreich gemacht worden ist. Es fehlt mir hier ein Hinweis auf den offensichtlichen Einfluß der Tiefenpsychologie auf
alle Referenten: ich meine nicht nur die Psychoanalyse, sondern
ich meine auch andere Tiefenpsychologien wie die von Viktor
von Weizsäcker.

Kitsch – Es ist richtig gesehen, daß ich Kitsch hauptsächlich als
Machtmittel verstehe, unter Betonung des Zeitmomentes des
Verkitschens: schnell verkaufen, verfuggern, verhökern, ver-
scherbeln, also schnell umsetzen, um Affekte zu erzeugen. Das
Moment der Verwertbarkeit des Kitsches als Machtmittel nimmt
deshalb zu, weil unsere soziale Kommunikation infolge der Me-
dienentwicklung ständig beschleunigt, die Einzelaussagen immer
kürzer werden, das können wir beobachten im Kino wie im Fernsehen, im Rundfunk wie in der Kürze der Zeitungsmeldung; versuchen Sie mal, Ihr Referat, das Sie hier gehalten haben, in einer
Zeitung unterzubringen, man wird Ihnen sofort sagen, das ist viel
zu lang, das will niemand mehr lesen.

Die Entwicklung der Signalökonomie und die Verbreitung des
Kitsches stehen in einem inneren Zusammenhang; wo kurz und
schnell gearbeitet werden muß, geht Bedeutung verloren, und
dieser Verlust von Bedeutung läßt archaische Formen und Bilder
stärker hervortreten. Diese müssen tiefenpsychologisch analysiert werden, um ihre Wirkungen erkennen zu können.

Wir haben ja einige Beispiele dieser Art gehabt, denn die Auseinandersetzung, die ich hier mit Vilém Flusser und Abraham
Moles, Jan Kotik und Ivan Bystrina geführt habe, ging hauptsächlich um die *Rolle des Bildes.*

Flusser sagt, das Bild ist ungleich reicher an Information, ich
sage, es ist ungleich konfuser, und wir meinen beide das gleiche.
Wir sind uns, glaube ich, einig, in einer Zeit der Verlagerung der
Machtverhältnisse durch den Einsatz immer abstrakter werden-
der spezialisierter Codes zu leben. Sie werden für die Außenste-
henden immer unverständlicher, und darum suchen diese zunehmend nach Veranschaulichung in der Politik.

Die Gefahr besteht nun darin, daß falsche Bilder entstehen:
Kitschbilder, Kitschprojektionen von Gesellschaft. Ich denke da
an die gegenwärtige Entwicklung in den USA und in Deutschland, an den reaktionären Zug der ganzen Epoche. Man muß sich

näher ansehen, was in England in der Rundfunkpolitik geschieht, was in Spanien im Bereich der Massenmedien passiert, um zu begreifen, daß immer weniger entscheidende Positionen für immer mehr Leute elektronisch gesteuert werden. Dabei spielt die Verkitschung d.h. die rasche Umsetzung der Gefühle der Konsumenten eine erhebliche Rolle. Sofern stimme ich ganz zu: »Kitsch als Machtmittel.«

Wambolt:
»Ich darf Herrn Moles bitten. – Die von mir vorgeschlagene Reihenfolge muß nicht eingehalten werden. Bitte verstehen Sie mich nicht falsch. Wir wollen miteinander ein fruchtbares Gespräch haben.«

Moles:
»Ja, Sie haben gesagt: ›Kitsch als Rebellion‹, und ich bin sehr für dieses Stichwort. Aber vielleicht ist in meinem Vortrag die Ambiguität zwischen dem Standpunkt des Konsumenten und dem des Produzenten nicht klargeworden.

Der Standpunkt des Produzenten ist die Verkitschung der Welt, der Standpunkt des Konsumenten als eines Individuums ist seine Rebellion, sein Aufstand gegen den Druck der Wissenschaft, insbesonders gegen das Diktat des guten und schlechten Geschmakkes; das habe ich schon erklärt.

Meine Idee ist, daß wir im Ozean der Waren ertrinken und Grund finden müssen, Schritt für Schritt, in kleinen Schritten. Nur so ist Selbstverwirklichung möglich.

Für diese Ambiguität, für diese Philosophie des kleinen Mannes, die ich kommentiert habe, und für diese Ideen der Welt als Labyrinth nehme ich eigentlich berühmte Titel, wie ›Welt als Labyrinth‹ und ›Freiheit als Zwischenraumsfreiheit‹, Freiheit zwischen den verschiedenen Diktaten des ›guten Geschmackes‹ der bürgerlichen Gesellschaft. ›Bürgerlich‹ ist, glaube ich, nur ein Zeitalter der Konsumenten und Produzentendialektik.

Ich glaube, es ist gut zu betonen, daß es kein Meisterwerk mehr gibt. Meisterwerk war ein Begriff der Vergangenheit; jetzt sind sogenannte Meisterwerke nur die Matrize für ihre eigenen Kopien. Diese Kopien sind sozial viel wichtiger als das Original, weil das Original auf jeden Fall eine Matrize ist, die nicht für den gewöhnlichen Konsumenten verstehbar ist. Das bedeutet vielleicht die Schließung von Museen.

Ich glaube, daß diese Tagung ein ewiger Kampf gegen uns selbst war, um Unklares zu deuten; zum Teil geht der Kampf gegen den Common sense – ein Paradoxon, das für uns besonders schwierig ist.

Herr Wambolt hat auch aus meinen verschiedenen Diskussionsbeiträgen das Wort genommen: ›Dieser Totalitarismus ohne Gewalt‹: unser psychisches Schicksal. Wir können damit umgehen durch Liebe und Respekt als Ausnahme in einer Welt der Fremdheit, als intime, als persönliche Interaktion im Ozean der Waren, der Gegenstände der Fremde. Von dieser Idee können wir kein sozialwissenschaftliches, sondern nur ein soziales System ableiten. Ich glaube, Kitsch ist Mittel im Kampf für die Freiheit der Individuen. Wer den guten Geschmack wählt, will ein Herr über andere werden. Kitsch als Schicksal hat einen starken ökonomischen Aspekt; dieser war meiner Meinung nach hier nicht genügend betont, ein Widerspruch zwischen dem Individuum, dem Sozialsystem und dem Produzentensystem usw.

Noch eine Bemerkung zu Harry Pross und Vicente Romano: Ich glaube auch, wir haben nicht genügend von Tiefenpsychologie, nicht von Psychoanalyse, gesprochen; ich habe süßsauer diese sadomasochistischen Aspekte des Kitsches nur sehr kurz berührt. Das etwa ist meine Ergänzung, mein Kommentar.«

Wambolt:
»Danke. Darf ich Herrn Flusser bitten.«

Flusser:
»Zuerst zu dem Papier vom Wambolt. Ich erkenne mich natürlich in dem Papier nicht wieder, aber das ist ja das Charakteristikum eines jeden Spiegels, daß er vom Standpunkt des Gespiegelten aus verzerrt, aber andererseits uns zwingt, uns im Spiegel zu erkennen; hierfür haben wir keine andere Methode.

Wenn ich versuche, Wambolt anzuerkennen, also mich von seinem Standpunkt aus zu sehen, dann muß ich sagen, es fällt mir leichter, mich mit Kafka als mit Comte zu identifizieren. Und an diesem Punkt würde ich von diesem absurden Lebensgefühl, in dem wir ja, glaube ich, alle stehen, ausgehen.

Und ich möchte diese Gelegenheit, diese letzte Gelegenheit, erfassen, um noch einmal auf den Zentralbegriff nicht nur dieser unserer Versammlung, sondern aller unserer Reflexionen, was die Zukunft betrifft, zurückzukommen, nämlich auf den Begriff der Information, und ich möchte das jetzt in ein anderes Licht stellen.

Sehen Sie mal, die Information ist heute vielen, voneinander vollkommen getrennten Disziplinen das Zentralproblem.

In der Physik ist die Information ungefähr das, was der Zweite thermodynamische Hauptsatz sagt; und wenn wir ihm Glauben schenken und wir können nicht umhin, dies zu tun, so ist, wenn ich die Welt als eine Strömung zum Informationsverlust hin ansehe, die jeweils verminderte Information geradezu der Maßstab des Zustands des Universums.

In der Genetik hat die Information scheinbar eine völlig andere Bedeutung, hier geht es darum, daß durch Zufälle, durch falsches Kombinieren vorangegangener Information neue Arten entstehen. Wenn Sie den Begriff in der Informatik ansehen, ich will jetzt nicht auf das Einzelne eingehen, wenn Sie den Begriff sehen in der Kommunikationslehre, in der Ästhetik usf., überall scheint er eine andere Bedeutung zu haben; vertiefen wir es aber, so erkennen wir in allen diesen Bedeutungen einen gemeinsamen Kern, der nicht metaphorisch ist: Es gibt Zustände, die wir schwer oder gar nicht voraussehen können.

Was mir daran so wichtig erscheint, ist, daß wir das kausale Denken verlassen müssen wie der erwähnte Cassirer sagt:»rest, rest, dear spirit«, und daß wir die Struktur der Welt und unserer selbst eher als ein blindes Zusammenspiel von Zufall und Notwendigkeit ansehen müssen, bei dem Katastrophen immer wieder eintreten, die ex definitione nicht voraussehbar sind. Ich bringe das jetzt mit dem Gefühl des Absurden in Verbindung. Was ich von der Information gesagt habe, heißt: sie ist das unvorhergesehene, unwahrscheinliche Abenteuer.

In diesem abenteuerlichen Lebensgefühl, das jetzt in dieser absurden Welt in uns und um uns herum aufkommt, dreht sich der Vektor des Interesses irgendwie; um es mit Flusser zu sagen, wir entziffern nicht mehr den Sinn dessen, was uns umgibt, denn wir wissen, es ist sinnlos; wir neigen uns nicht mehr über die Welt, wie die Moderne tat, um die Welt wie ein Buch zu entziffern, sondern im Gegenteil, wir entwerfen jetzt unseren Sinn auf die Welt.

Einiges zur Sinngebung: Ich möchte hier mich knapp und kurz fassen: die auftauchende Welt der Informationsgesellschaft besteht vor allen Dingen aus Tasten: wir drücken auf Tasten.

Vorläufig gibt es zwei verschiedene Arten von Tasten, empfangende wie z.B. bei der Television und sendende wie z.B. bei der Schreibmaschine. Aber im Wesen der Taste ist, daß sie zugleich empfängt und sendet wie im Telefon. Das ist das Wesen der Telematik. Wird dieser Typ von Taste eingeführt, werden die Apparate zu telefonartigem Spielzeug. Dann wird die Unterscheidung zwischen Produzent und Konsument sinnlos. Wir werden alle zugleich Konsumenten und Produzenten sein. D.h.: die Programmation, die von oben auf uns herabkommt, werden wir immer wieder durch Eigenprogramm reprogrammieren können.

Das Neue an der Situation ist, daß wir uns bewußt sind, daß wir alle programmiert sind und immer schon alle programmiert waren, sei es genetisch, sei es kulturell. Daß wir jetzt aber in dieser Programmation nicht programmiert sein wollen oder können, das ist Unsinn. Denn sein heißt, programmiert sein.

Das Neue, der neue Freiheitsbegriff, der hier aufkommt, ist, daß wir uns dieser unserer Programmiertheit bewußt werden und daß wir uns diese Programme durch Eigenprogramme umprogrammieren können. Es ist meiner Meinung nach ein neuer Begriff der Freiheit im Absurden.

Ich möchte im folgenden – dahin gehört auch das Problem des Bildes, auf das Pross angespielt hat, solange die Bilder von Erzeugern auf Empfänger gestrahlt werden – da hat er recht –, sobald aber ich anfange, selbst Bilder zu machen, und zwar gemeinsam mit anderen, dann dreht sich das Problem des Bildes vollständig. Es ist ein Unsinn, in dem Televisionsbild das Bild der Zukunft zu sehen.

Im Computerterminal entsteht das *neue Bild*. Das der Television gehört der Vergangenheit an und ist für jemanden, der projiziert, nicht mehr interessant.

So ist technisch und politisch Television bereits überholt. Deshalb habe ich mich abgewendet, als man diese Bilder von den Olympischen Spielen gezeigt hat, das ist nicht das Bild der Zukunft. Das Bild der Zukunft können wir in den Kindern sehen, die in Kalifornien mit den Computern spielen. Das ist eine ganz neue Art von Bild, das auf uns wartet. Und jetzt möchte ich etwas Abschließendes sagen. Mir ist das Wort Liebe zu heilig. Ich habe Angst vor diesen großen Worten, denn sie fallen schnell in Kitsch. Ich möchte statt dessen ein anderes Wort sagen: Wenn ich durch ein Computerterminal ein Bild mit einem anderen mache, dann erkenne ich im Bild den anderen und ich erkenne mich durch das Bild im anderen. In dieser gegenseitigen Anerkennung, die im Grunde genommen die gegenseitige Anerkennung des Todes ist, darin sehe ich eine Möglichkeit einer künftigen existenziellen Demokratie. Danke.«

Wambolt:
»Herrn Mongardini kann ich nicht bitten, der mußte schon abreisen. Ich darf Vicente Romano bitten.«

Romano:
»Gut, sehr kurz. Meine Meinung über Kitsch ist ungefähr, was ich vorgetragen habe. In diesen Tagen habe ich natürlich zu diesem Informationsbegriff als Modellierung vieles überlegt. Information in Latein bedeutet das Formgeben; aber ich möchte nicht nur mathematisch die Information verstanden wissen, energetisch, allegorisch. In sozialer Beziehung spreche ich vom sozialen Informationsprozeß usw.

Ich bin der Meinung, daß die Informationen selektiert und interpretiert sind und frage mich, ob der gegenwärtige Überfluß von Informationen uns hilft, uns in unserer Welt und Umwelt zu orientieren. Ich möchte also auch die Frage stellen und beruflich durch meine akademische Tätigkeit untersuchen, was der Gebrauchswert der gegenwärtigen Informationen eigentlich ist. Welche und wieviel Informationen braucht der Mensch?

Zum Kitsch kommend, ich habe versucht, die Beziehung zwischen Macht, Kult und Kitsch am Beispiel des religiösen Kitsches zu zeigen. Die Beziehungen sind klar: Kitsch, Vereinfachung, Stereotypen usw. Als ich mein Referat schrieb, habe ich an ein anderes Beispiel gedacht. Während unserer Tagung innerhalb und außerhalb dieses Raumes haben wir, z.B. Herr Moles und ich, über den Terrorkitsch, über die terroristischen Formen des Kitsches gesprochen. Zum Thema der Verkitschung der menschlichen Ängste sind wir leider nicht gekommen, aber vielleicht ein anderes Mal.«

Wambolt:
»Herzlichen Dank, Vicente Romano. Ich bitte Herrn Lamprecht.«

Lamprecht:
»Ja, lieber Philipp Wambolt. Die mir zugedachten Stichworte nötigen mich eigentlich ein bißchen, auf Herrn Flusser zu kommen. Ich meine, es ist gerade umgekehrt, wie Sie schreiben: ›Kitsch – uneigentliche Sprache‹. Nein, Kitsch ist jener Eigentlichkeitsjargon, den man jetzt nicht einfach umdrehen kann, sondern das

Uneigentliche ist dann die Kunst. Mit dem Jargon der Eigentlichkeit ist eine metaphysische Seinsqualität gemeint, die glaubt, im Sein, in der Nähe des Seins wohnen zu können, wodurch eine sehr salbungsvolle, zur Negierung der Realität neigende Sprachhaltung zustande kommt. Und an diesem Jargon, der eben so tut, als wäre er das Heil, hat sich Adorno gerieben und hat daraus seine kritischen Modelle gewonnen. Eines dieser kritischen Modelle hatte ich hier in dem Gedicht genannt; ich will es der Drastik halber noch einmal vortragen. Da heißt es in dem Gedicht von Bergengruen:

> Was aus Schmerzen kam, war Vorübergang,
> und mein Ohr vernahm nichts als Lobgesang.

Daran mißt Adorno jetzt den zeitgeschichtlichen Umstand.
Das Unwahre für Adorno, das ist jetzt nicht ein Spekulatives, im metaphysischen Sinn die Wahrheit/Unwahrheit, sondern ein durch kritische Sozialreflexion Gewonnenes; das Unwahre daran ist, wie man nach Auschwitz, als die Opfer schrien, noch heute schreiben kann: ›und mein Ohr vernahm nichts als Lobgesang‹.

An einem solchen textkritischen Versuch zeigt sich die ganze innere Unwahrheit. Denn die Opfer, die da schrien, waren sicherlich alles andere als Lobgesang. Derjenige, der es überhört, und wenige Jahre nach den Vorkommnissen so tut, als wären sie nicht gewesen, befindet sich in einem jargonhaften Kitschirrtum. Heute morgen hatten wir ja eine kurze Diskussion über die Dialektik von Phänomen und Wesen: Ich habe gemeint, daß Adorno etwa sagen würde:
›Kunst macht das Unwesen des Kitsches zum kritischen Wesen ihrer selbst. Das Unwesen ist die ungerechte Gesellschaft.‹
Sich mit Kitsch begnügen, deutet an, daß hier der Mensch in einer entwürdigten Gestalt agiert.
Das wollte ich hier sagen; vielleicht noch einen Zusatz: Kunst – Masse, wie könnte das Verhältnis sein? Adorno würde folgendes als ideologisch bezeichnen: Wenn man sich aus Mitleid mit den Massen zu denselben hinunterbeugt, sich buchstäblich herabläßt und sich auf ihre Ebene begibt, das wäre Verrat an denen, um die es geht. Deshalb, und das berührt die Intention von Vicente Romano, ist es eine große gesellschaftliche Aufgabe, zu erreichen,

daß die Künstler sich nicht hinunterbeugen, sondern daß das Publikum emanzipiert wird, an Kunst teilzuhaben.«

Wambolt:
»Ganz herzlichen Dank, Herr Lamprecht. Ich darf bitten Herrn Kotik.«

Kotik:
»Mir scheint, daß verschiedene Definitionen und Versuche, den Kitsch zu definieren, eingebracht wurden. Die unterschiedlichen Referate könnten im Publikum eine Vorstellung erwecken, daß hier nichts greifbar ist. Deshalb will ich auf folgendes aufmerksam machen:
Der Begriff Kitsch ist in der bildenden Kunst entstanden und lange nur dort benutzt worden. Langsam hat sich dann Kitsch zu einem Sammelbegriff entwickelt, und das ist nicht möglich. Was der Sammelbegriff also in sich aufgenommen hat, muß von verschiedenen Seiten mit verschiedenen Definitionen bzw. Beschreibungen gefaßt werden. Obwohl hier verschiedene Meinungen, gegensätzliche Definitionen, widersprüchliche Beschreibungen des Kitsches gegeben wurden, scheint mir, daß alle diese Definitionen und Beschreibungen ihren Wert und ihre Wahrhaftigkeit insoweit haben, als jede Definition die Wahrheit berührt, und das trotz der Gegensätze. Was ich versucht habe, war zu zeigen, daß durch die Trennung der Produktion vom Konsum, des Produzenten von dem Benutzer, die sogenannte industrielle Revolution begonnen hat. Ihr Gegensatz wird größer und größer. Mir scheint, wenn man über die Computergesellschaft spricht, dann wird diese Trennung auch im zwischenmenschlichen Gespräch erfahrbar.
Um ein bißchen weniger theoretisch zu sein: Hier im Museum haben wir diese Stühle, ich habe schon darüber gesprochen, im Bauernklassizismus; jeder, der über diese Dinge ein bißchen Bescheid weiß – über die Vorbilder, über die verschiedenen Variationen, auch über die Konstruktion eines Stuhles und wie er sich im Klassiszismus weiterentwickelt hat –, kann an ihnen fast wie der Meister, der die Stühle hergestellt hat, verschiedenes ablesen: Wie haben sie zusammen gesessen? Haben sie versucht, diesen klassizistischen Stuhl nach verschiedenen Informationen und Teilinformationen, Zeichnungen und Erzählungen zu rekonstruieren?
Also wäre diese Rekonstruktion nicht nur bloßes Nachmachen;

auf einmal entsteht ein Werk, das sicher nicht so fabelhaft ist wie von irgendeinem französischen Ebenisten; aber immerhin ist es kein Kitsch, ja, es ist fabelhaft, daß es entstanden ist.

In meinem Sprachgebrauch gibt es auch einen Artfakt, aber keinen Kitsch; es ist nur ein Beweisstück aus meiner Geschichte dieser Trennung und Ökonomisierung der Welt, und am Bewußtsein über die Welt sind die Marxisten genauso schuld wie die Kapitalisten. Das hat begonnen mit einer Reduzierung aller Tätigkeiten auf Geld- oder Machtgewinn. Ich will nicht die Rolle des Geldes leugnen, es war von Vorzeiten an notwendig, aber die Reduzierung aller Tätigkeiten und der ganzen Welt auf Geld ist nichts. Manchmal hören wir von Menschen, die sich als die Repräsentanten der Demokratie betrachten, daß alles für Geld gekauft werden kann, auch die Freiheit.

Ich habe versucht, anzudeuten, was zu machen ist; habe ein Plädoyer für Engagement und Verantwortlichkeit gehalten. Bei der Erzeugung von Produkten muß man nicht nur die Geldseite sehen, sondern auch wie die Dinge gebraucht werden, einerseits mechanisch, andererseits im sozialen und geistigen Leben. Diese Komplexität können wir nicht abschaffen. So ist dies kein Plädoyer für die Liquidation von Industrie, kein Plädoyer für einen Rückzug in das Mittelalter. Mir scheint, daß die Produzenten dieses Engagement und diese Verantwortlichkeit haben müssen, und daß der Konsument das Engagement und die Verantwortlichkeit vom Produzenten verlangen muß. Das ist nicht alles. Der Kitsch entsteht aus vielen anderen Gründen, über die hier gesprochen wurde; nicht aus Gleichgültigkeit und Unverantwortlichkeit in bezug auf Geld.«

Wambolt:
»Ja, ganz herzlichen Dank, Herr Kotik. Ich darf die beiden Koreferenten noch bitten. Zunächst Herrn Michael Hofmann.«

Hofmann:
»Ich möchte also nicht auf das Papier eingehen; ich finde mich auch nicht korrekt eingeordnet, aber das ist jetzt weniger wichtig. Kitsch, das ist meine These, wenn er produktiv diskutiert werden soll, ist ein Erkenntnisproblem und kein Geschmacksproblem. Physiologisch hat der Körper genügend Möglichkeiten, mit unverdaubarem Essen fertig zu werden. Das Problem tritt auf, wenn Bilder, die nicht verdaut werden können, sich in Köpfen festsetzen.

Das können Sie am Stichwort Graffiti verfolgen; Sie brauchen nur einmal rund um Berlin zu gehen, entlang der Mauer, und dort die Graffiti anschauen. Da werden Sie beispielsweise ein Graffiti finden: ›Folter für Travolta‹. Das ist von irgend jemand, vermutlich von einem Jugendlichen, hingeschrieben worden, der sicherlich Schwierigkeiten hatte, mit den wechselnden Moden der Spannungsindustrie fertig zu werden und sich trotzdem diesen Moden unterwerfen muß. Travolta ist einmal ›in‹, und ein andermal ist es Michael Jackson und wer auch immer.

Mit dem Problem, das die Medien mit ihrer Einwegkommunikation in den Köpfen anrichten, werden die Leute ganz offensichtlich nicht fertig. Ich halte das Fernsehen – ich bin da nicht der Auffassung von Herrn Flusser –, diese Medienrealität im fortgeschrittenem Zustand elektronischer Medien, zumindest für meine Lebenszeit für das entscheidende Medium der Massenregie.

Worum geht es in einer Demokratie? Die Schlüsselfrage für mich ist, meine ich, das Verhältnis von kritischer Öffentlichkeit und demokratischer Legislative, also die Herstellung einer kritischen Öffentlichkeit durch den Volkssouverän.

Ich habe versucht, auszuführen, daß das meines Erachtens nicht gelungen ist und an der Basis dieses Kommunikationsprozesses immer weniger gelingen wird. Jetzt im Stadium ökonomischer Verwertung der elektronischen Medien in der Spannungsindustrie wird es kaum noch möglich sein.

Warum? Es ist jetzt möglich, etwas herzustellen, wonach man sich immer gesehnt hat, nämlich eine Harmonie, eine künstliche Harmonie der Symbole an der Oberfläche.

Wenn Harry Pross sagt: Abschied von Geschichtsbildern als Ruhekissen, dann würde ich sagen: Abschied von künstlicher Harmonie als Überbau. In den religiösen Geschichtsbildern ist dieser Überbau hergestellt worden, in die Kathedralen fällt das Licht durch die Glasfenster in einer gestuften Ordnung und stellt jeden an seinen Platz.

Das wird heute elektronisch durch Ikonologie des Bildschirms erzeugt. Da wird auch alles an seinen Platz gestellt, das erkennen Sie daran, wie der Präsident erscheint und wie die anderen.

Mir scheint es noch wichtig zu sein, auf unseren eigenen Standpunkt einzugehen. Es fiel hier das Stichwort vom kleinbürgerlichen Kitsch, Kitsch sei kleinbürgerlich. Da möchte ich widersprechen und jedenfalls den Intellektuellen soziologisch als

Kleinbürger ansiedeln. Ich möchte da nicht hinter die deutsche Analyse der 20er Jahre zurückfallen, hinter die Wissenssoziologie. Krakauer hat den Begriff von der Obdachlosigkeit des Kleinbürgertums geprägt. Ich meine, man sollte diese Obdachlosigkeit analysieren.

Philipp Wambolt sprach von der Notwendigkeit des Unterwegsseins; ich würde es erweitern und sagen: Wir müssen akzeptieren, daß wir obdachlos sind, daß uns kein schützender Überbau geschenkt ist. Mein Plädoyer richtet sich an die kritische Öffentlichkeit und hat zur Voraussetzung, daß die Medienrealität als solche analysiert wird, in ihrer Künstlichkeit erkannt wird, daß sie also eine künstliche Harmonie schafft.«

Wambolt:
»Herzlichen Dank, Michael Hofmann. Ich bitte Herrn Bystrina.«

Bystrina:
»Ja, das Konzept von Philipp Wambolt, das wir gehört haben und jetzt auch in den Händen haben, zeigt meiner Meinung nach bei allen Ungenauigkeiten oder umstrittenen, vielleicht provokativen Urteilen, die die Betroffenen natürlich auch ärgern, ein bestimmtes Bild dieses unseres Seminars. Nun, seien wir bescheiden, das haben wir geschafft. Wir haben einige Begriffsbestimmungen präsentiert, die teils stark voneinander abweichen; wir haben einige Thesen aufgestellt, meistens soziologische oder sozio-psychologische, wir haben einige Aphorismen mit mehr oder weniger Esprit eingebracht; wir haben viel Seriosität geübt und an einigen Knotenpunkten – würde ich sagen – auch Humor.

So sieht die Wissenschaft im Spiegel hochwissenschaftlichen Kitsches nicht aus. Aber vielleicht sieht sie so in der Wirklichkeit aus, sie sieht manchmal in Seminaren eher als ein heiteres und spannendes Spiel aus, das Spaß macht und, wenn man dann Glück hat, auch den großen Trägern der verbalen gesellschaftlichen Werte, z.B.: der Menschheit, etwas Nützliches bringt. Wenn schon kein materielles Brot, dann mindestens Nahrung für die Seele!

Ist es so wenig? Müssen wir unbedingt in jedem Fall mehr fordern von der Wissenschaft?

Noch eine Bemerkung: Sind wir dabei, programmiert zu werden oder programmieren wir uns selbst? Wenn ich von außen noch – Herr Flusser – programmiert bin, dann – wie Sie sagen – kann ich mich doch selbst umprogrammieren, dann höre ich auf, von außen programmiert zu sein. Nur die Manipulation, die Programmierung von außen, von den anderen oder von der Natur, ist eine Unfreiheit.«

Wambolt:

»Ja, Bystrina, herzlichen Dank, weil Sie gleich ein Doppeltes gemacht haben; Sie haben Kritik geübt und zugleich noch mal ein Gruppenbild unserer ganzen Tage gezeichnet.«

Flusser:

»Ich möchte mich gegen ein Wort von Herrn Hofmann empören und zwar heftig. Es steckt darin irgendwie eine negative Wertung des Wortes künstlich und, infolgedessen, wenn auch versteckt, eine positive Wertung des Gegenteils; das riecht zumindest nach Romantik. Der Mensch ist ein künstliches Wesen! D. h.: er macht Kunst, er lebt in einer künstlichen Welt und er muß künstlich versuchen, besser zu leben und besser zu sein. Wenn Sie statt einer künstlichen Harmonie eine natürliche Harmonie künstlich herstellen wollen, so schmeckt mir das schlecht: Schlechter Geschmack.«

Hofmann:

»Dazu muß ich etwas sagen. Oder? Dies ist ein Mißverständnis. Ich möchte nicht zurück zur Natur, aber ich will den Abschied von der Harmonie. Da unterscheiden wir uns, wie Sie sagen, virulent und vehement. Ich halte es nicht für möglich, mit den Erkenntnissen der Naturwissenschaft und mit ihrer Anwendung in der Telematik oder in der Zusammenführung der elektronischen Nachrichtentechnologie mit Computern jene künstlichen Systeme zu schaffen, die Sie, Herr Flusser, entworfen haben. Deshalb meine Skepsis, ein System herzustellen, weil, das wäre meine Hypothese, auf dem Weg dorthin die Ansätze zu Systemen mißbraucht werden. Ich glaube, da kann man genügend Beispiele finden, denn einige habe ich ja hier vorgeführt. Mit dieser künstlichen Harmonie wird etwas vorgetäuscht, etwas vorgespiegelt; ich habe ein Beispiel gebracht: das elektronische town-meeting, also der Versuch, das Bild Demokratie, ihren präsentativen Symbolismus elektronisch herzustellen. Das geht, die Leute fallen in der Tat darauf rein. Das meine ich mit künstlich, die Vortäuschung also.«

Flusser:

»Ich hätte viel zu sagen, aber ich schweige.«

III
Materialien

HERBERT SPAICH

Gustav E. Pazaurek:
Guter und schlechter Geschmack im Kunstgewerbe

»Die Förderung und Verbreitung des guten Geschmacks auf allen Gebieten und nicht in letzter Reihe auch im Kunstgewerbe ist eine unserer vornehmsten Kulturaufgaben sowohl in ästhetischer wie auch in nationaler und volkswirtschaftlicher Hinsicht...« Das schrieb der Direktor des Landesgewerbemuseums Stuttgart, Gustav E. Pazaurek (1865-1935), im Vorwort zu seinem Werk »Guter und schlechter Geschmack im Kunstgewerbe« (1912). Der Autor, über den im Brockhaus steht, daß er sich um die Geschichte des Kunsthandwerks und die Geschmacksbildung verdient gemacht habe, wußte ganz genau zu sagen, was guter und was schlechter Geschmack, Kitsch oder Nicht-Kitsch ist. Er hat als Herold wilhelminischer Geschmackssicherheit der Welt ein umfangreiches Œuvre hinterlassen: Pazaurek beschrieb böhmische Glasbläserkunst ebenso wie »Patriotismus und Kunsthandwerk« (1914) oder die »Schönheitswerte der Postmarken« (1919). Es folgt ein Auszug aus dem 1912 erschienenen Werk über guten und schlechten Geschmack:

Kitsch

Der äußerste Gegenpol der künstlerisch durchgeistigten Qualitätsarbeit ist geschmackloser Massenschund oder Kitsch, der sich um irgendwelche ethischen, logischen oder ästhetischen Forderungen nicht kümmert, dem alle Verbrechen und Vergehen gegen das Material, gegen die Technik, gegen die Zweck- wie Kunstform vollständig gleichgültig sind, der nur eines verlangt: das Objekt muß billig sein und dabei doch wenigstens möglichst den Anschein eines höheren Wertes erwecken.

Zu allen Zeiten hat es im Kunsthandwerk Qualitätsunterschiede gegeben, zu allen Zeiten sind auch recht minderwertige und in jeder Hinsicht zu tadelnde Gegenstände erzeugt worden, aber niemals zuvor in einem solchen Umfange, wie es erst seit der Entwicklung einzelner Großindustrien möglich geworden ist. Wir verstehen daher das Urteil von Gleichen-Rußwurms [1]) über die „glänzend armselige Fabrikware des 19. Jahrhunderts" oder die etwas lapidaren Sätze von R. Schaukal [2]): „Die Industrie hat die Kultur erwürgt", oder „die Industrie schafft unentwegt den Unrat, darin die bürgerliche Welt behaglich sinnlos weiterwatet". In dieser Verallgemeinerung sind solche Thesen zwar etwas gewagt, aber auch der größte Iudustriefreund und gerade dieser wird nicht leugnen, daß die Überproduktion von Kitsch eine beklagenswerte Nebenerscheinung, die traurige Schattenseite des gewaltigen großindustriellen Aufschwungs im 19. Jahrhundert ist.

Unsere Volkswirtschaftler betonen zwar mit einer jeden Zweifel ausschließenden Deutlichkeit: „Alle Herstellung von Schund ist Materialverschwendung" [3]) und daher in jeder Richtung zu bekämpfen, aber leider ohne einen rechten Erfolg. Hat doch schon 1827 der weitblickende damalige Finanzminister Weckherlin an den König Wilhelm I. von Württemberg berichtet: „Nie aber wird unsere Industrie gehoben werden können, solange nicht mit der Solidität zugleich ein besserer Geschmack, mit der Tätigkeit mehr Kunstsinn verbunden ist. Dies gilt von allem und jedem Gewerbe, von dem geringsten Handwerk ebenso wie von der Kunst im engeren Sinn"; und trotzdem sind die Verhältnisse heute ungleich schlimmer, als sie vor einem Jahrhundert waren. — Der Grund für diese Erscheinung ist die durch die wilden Konkurrenzverhältnisse gesteigerte, fast krankhafte Sucht des Produzenten, nach einem möglichst raschen und möglichst großen Gewinn, ohne Rücksicht auf die eingeschlagenen Wege, ohne Rücksicht auf die Folgen, die — wenn nicht glücklicherweise immer wieder andere, edlere Bestrebungen wenigstens teilweise ein Gegengewicht böten — zur völligen Dis-

---

[1]) A. v. Gleichen-Rußwurm: „Sieg der Freude", S. 264.
[2]) R. Schaukal: „Vom Geschmack", S. 65 ff.
[3]) Friedrich Naumann auf dem evangelisch-sozialen Kongreß zu Heilbronn vom 2. Juni 1909.

kreditierung der europäischen und nordamerikanischen, in gewissem Grade auch schon der japanischen Produktion führen müßten. Gibt es keinen schöneren Wahlspruch für die heutige Industrie als das unselige „Après nous le déluge!" der Marquise Pompadour, deren Maximen schon in einem Menschenalter zum Schafott geführt haben?

Es ist gewiß nicht zufällig, daß das französische Wort „Nippes" nicht nur kleine Putz- und Schmuckobjekte, sondern auch Vorteil oder Gewinn bedeutet; heute haben die „Nippsachen" schon unbesehen einen bösen Beigeschmack. — Auch „Galanterie" hatte ehedem als ritterliche, zarte Aufmerksamkeit einen erfreulichen Sinn, und die entzückenden „Galanteries" der französischen Rokokozeit, all die reizvollen kleinen Sächelchen aus Gold und Silber, Email oder Porzellan gehören zu den köstlichsten Kunstgewerbeobjekten des 18. Jahrhunderts. Das hat sich ebenfalls geändert: Die „galanten" Frauen sind anrüchig geworden, und die Galanteriewaren sind — Kitsch. — Was war früher ein „Basar" einer mohammedanischen oder persischen Stadt! Die wertvollsten Erzeugnisse der Teppichweber, Metallarbeiter, Glasmaler und Keramiker waren da zu einer stolzen Schau vereinigt, heute gilt das Wort als Aushängeschild eines Warenhauses letzter Güte oder bei Wohltätigkeitsfesten als Ablagerungsstätte des ganzen Mistes, der sich in den Familien der betreffenden Stadt angesammelt hat [1]).

Es sind lauter gute alte Bekannte, die wir hier wiederfinden, Material- und Dekorübergriffe, Primitivitäten und Attrappen, Material- und Techniksurrogate, Pimpeleien und Naivitäten, alles „in idealer Konkurrenz" zu einer schönen Harmonie vereinigt.

Wir könnten, je nach dem Grade der Schäbigkeit, einen Kitsch erster, zweiter oder dritter Klasse unterscheiden, aber die Grenzen dieser Gebiete sind nicht fest abzustecken. In ästhetischen Angelegenheiten haben viele Menschen eine Nilpferdhaut und fühlen selbst die gröbsten Geschmacklosigkeiten kaum oder gar nicht. Diese Einteilung wäre daher subjektiv gefärbt.

Aber wir können den „Kitsch" noch verständnisvoller gruppieren, je nach der Flagge, unter der er segelt. Da nämlich die Minderwertigkeit des Massenschunds doch vielleicht zu durchsichtig sein könnte, sorgen die Fabrikanten solcher Artikel für eine Ausrede von größerer Durchschlagskraft, für eine verlockende Etikette, für einen Vorspann, zu dem sie sich die Gäule aus anderen Ställen ausleihen. Religiöse und patriotische Motive, Heimatliebe und die Erinnerung an die schönsten und berühmtesten Stätten der Welt, Geschenke zu besonderen Anlässen, das entwickelte Bedürfnis der modernen Reklame, vor allem jedwede Aktualität in gutem oder bösem Sinne — alles das läßt sich bei einer entsprechenden Fingerfertigkeit und kommerziellen Übung geschickt mit dem Kitsch verbinden, wenn auch alle diese Momente mit dem künstlerisch Schönen eigentlich blutwenig zu tun haben. — Aber Geld wird damit verdient, sehr viel Geld — und das ist ja die Hauptsache.

Der Hurrakitsch spekuliert auf die patriotischen Gefühle, der Devotionalienkitsch auf die religiöse Gesinnung um so weiterer Kreise, je weniger

---

[1]) Vgl. den Aufsatz „Wandernder Kitsch" in der Zeitschrift „Wiener Mode" vom 15. Oktober 1910 oder in der „Hamburger Frauenzeitung" vom 25. Januar 1911.

finanzielle Opfer dieser Patriotismus oder diese Religiosität fordert. Die Regenten mit ihren Familien müssen zunächst herhalten, dann die Hoheitssymbole des Staates, um die unglaublichsten Objekte damit zu „schmücken", Ofenkacheln und Kleider bürsten, Aschenbecher und Flaschenkorke. Besonders appetitlich sind die Regentenporträte in Email auf sog. „Schmucklöffeln"; ob es zu den höchsten Annehmlichkeiten großer Personen gehört, sich von jedermann, wenn auch nur bildlich, ablecken lassen zu müssen, oder ob es sich um sinnige Geschenke für „Speichellecker" handelt, mag dahingestellt bleiben. Unsere hervorragendsten Staatsmänner, wie etwa Bismarck, glaubt man dadurch besonders ehren zu können,

wenn man ihren Kopf in Fayence als Bierseidel (Abb. 261) gestaltet, der bei jedem Trunk erst trepaniert werden muß, um die Schädeldecke bzw. den Gefäßdeckel zu lüften, oder wenn man ihr Profil als Radiergummi bildet, damit Nase, Kinn usw. recht bald anmutige Veränderungen aufweisen können. Schade um jeden Pfennig, den man z. B. den Rekruten oder Urlaubern für allerlei ganz wertlosen Plunder raubt, zu dem auch die in Deutschland so beliebten entsetzlichen Erinnerungsdiplome gehören, die, von allerlei Emblemen und Sprüchen umgeben, die betreffende Regimentsuniform darstellen, während der zugehörige Kopf einer ausgeschnittenen Photo-

Abb. 261. Bismarckkopf als Bierseidel. (Hurra-Kitsch)
Stuttgart, Landesgewerbemuseum

graphie dem kopflosen Normalkrieger erst aufgeklebt werden muß. Die Käufer gehören zu derselben Klasse, die im August 1910 in einer Anzeige der „Augsburger Abendzeitung" ein abgelegtes, noch gut erhaltenes Kriegerdenkmal zu kaufen suchten. — Auf der gleichen Stufe befindet sich der Devotionalienkitsch, der ein noch höheres Alter aufweisen kann. Wie unglaublich tief steht der größte Teil aller Heiligenbildchen, die früher in rohestem Holzschnitt, heute in schlechtester Farbenlithographie alljährlich in Millionen von Exemplaren verbreitet wurden und werden, ordinär gedruckte Traktätchen oder naive Gebetbücher mit den großartigsten Titeln wie: „Haken und Ösen für die

Hosen der Gläubigen", „Der geistliche Senftopf, der die Seele niesen macht", oder „Die betrübte und nach ihrem Geliebten seufzende Turteltaube oder: Bußfertige christliche Seele ...". — Namentlich in den katholischen Wallfahrtsorten, wo die scheußlichen Glanzgold-Porzellantassen mit dem farbigen Heiligenumdruck, die fürchterlichen „Haussegen" mit den gepreßten Blumen, Zelluloidreliefs und Pseudostickereien auf perforiertem Karton, und ähnliche Zeugen einer kaum mehr zu unterbietenden Geschmacksverrohung zu Tausenden Käufer finden, kann man seine blauen Wunder erleben. Aber auch die evangelischen Konfirmandenbildchen mit den durchbrochenen Silberlauben in kulissenartiger Anordnung sind um kein Härchen besser. Die kirchlichen Oberbehörden würden sich ein sehr großes Verdienst erwerben, wenn sie hier im Bunde mit den christlichen Kunstvereinen eine Besserung dieser unhaltbaren Zustände herbeiführen wollten. Man muß sich ja schon fast schämen, einer Gemeinschaft anzugehören, in der eine solche Unkultur nicht nur geduldet, sondern vielfach sogar begünstigt wird. Der höchst bedenkliche Satz „Exemplum religionis non structurae", der auf der Bückeburger Kirche vom Jahre 1613 steht, soll nicht zum Leitmotiv werden dürfen, zumal doch gerade die Kirche in einer mehr als tausendjährigen Entwicklung zur Genüge bewiesen hat, daß sie Kunst und Religion zu einer erhebenden Einheit zu vereinigen wußte.

Eine nicht weniger verbreitete Unterabteilung bildet der Geschenkkitsch, der am besten durch den Simplizissimuswitz zu einer Rezniczek-Zeichnung[1]) beleuchtet wird: „Wünschen gnädige Frau etwas Besseres, oder soll es nur ein Geschenk sein?" — Bei kleinen Gelegenheiten, wie an Geburtstagen, und namentlich bei größeren Anlässen, hauptsächlich bei einer Hochzeit, hat man überreiche Gelegenheit, Betrachtungen über die Schlechtigkeit dieser Welt anzustellen, wenn man sieben Jardinieren, fünf Standuhren, dreizehn Zuckerdosen u. dergl. bekommt, von denen immer eine noch häßlicher ist als die andere, so daß man schon sehnsüchtig auf die nächste Hochzeit eines guten Freundes oder auf den nächsten Wohltätigkeitsbasar wartet, um sich wenigstens eines Teiles seiner Schätze wieder entäußern zu können. Da aber die anderen Menschen in ihrer Liebenswürdigkeit auch so denken, sterben die „Hausgreuel" nicht aus, und jede Tante und jeder Vetter schleppen von ihrer letzten Badereise neuen Schund für die ganze Verwandtschaft mit heim, nachdem sie den geduldigen Angehörigen vorher schon per Post auf geistreich sein sollenden Postkarten (Abb. 262—265) die unvermeidlichen Grüße gesandt. Obwohl schon an manchen Orten — wie in München, Nürnberg, Prag oder Salzburg — Preisausschreiben veranstaltet worden sind, um den Fremdenartikelkitsch zu bekämpfen, sind doch in dieser ungemein verbreiteten Andenken-Massenproduktion bisher nur ganz bescheidene Anzeichen einer allmählichen Besserung wahrnehmbar.

Noch immer kommen aus Nürnberg die Gänsemännchenpetschafte und Trichterzigarrenspitzen, aus Venedig die Gondelpapiermesser oder aus Brüssel der Manneken-Pis als Parfümspritze. Früher enthielten viele ordinäre Fremdenartikel wenigstens die besänftigende Mahnung „Mensch ärgere dich nicht", was jedoch, trotzdem die Redseligkeit auf Objekten der Kunstindustrie keineswegs

---

[1]) Simplizissimus vom 4. März 1907, S. 799.

Abb. 263.   Schinken in Westfalen

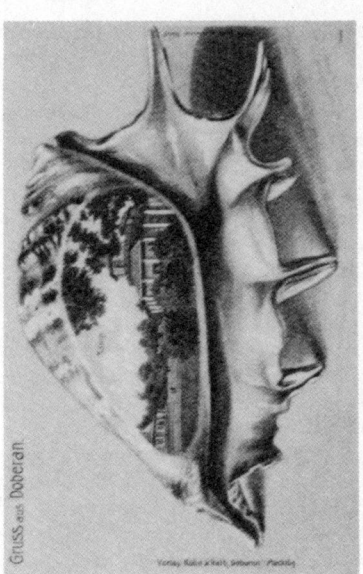

Abb. 265.   Muschel von der Ostsee (wie sie dort so nicht vorkommt)

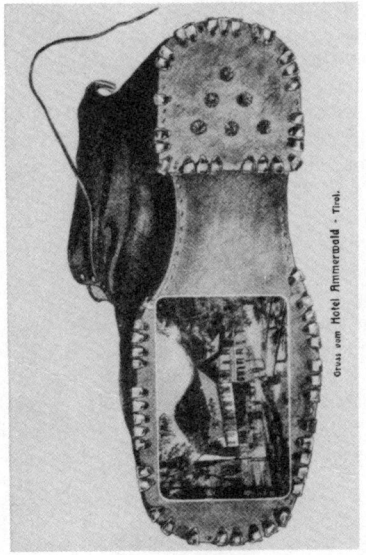

Abb. 262.   Bergschuh in den Alpen

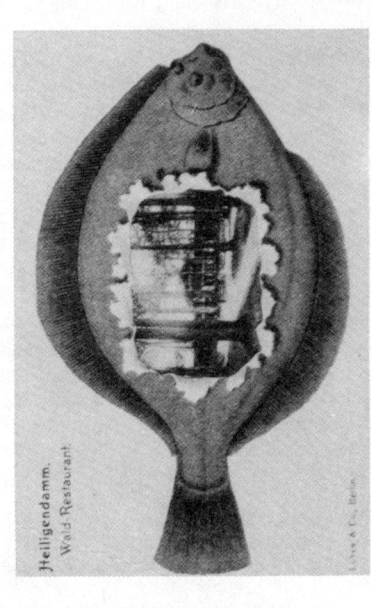

Abb. 264.   Flunder von der Ostsee

„Geistreiche" Bilderpostkarten (Fremdenartikel-Kitsch)

Pazaurek, Guter und schlechter Geschmack im Kunstgewerbe.   23

179

abgenommen hat [1]), wieder aus der Mode gekommen ist. Es hat eben nichts genutzt; die besseren Menschen haben sich doch geärgert.

Vom Reklamekitsch, der uns auf Schrit und Tritt behelligt und uns von jeder Morgenpost ins Haus geworfen wird, braucht kaum mehr gesprochen zu werden. Nur die Plakatindustrie unserer Zeit steht auf ihrer Höhe, obwohl manche Kinematographentheater, Zirkusse, Seifenfabriken und andere Unternehmungen von der modernen Kultur noch nicht sonderlich beleckt worden zu sein scheinen. Aber was die Reklameschriften — selbst vornehmer Transportgesellschaften oder Kurorte —, geschäftlichen Drucksorten und Packungen anlangt, stehen wir erst am Anfang einer bereits wahrnehmbaren Reformbewegung. Man hat sich bereits davon überzeugt, daß der Mist oft ebensoviel Geld kostet wie das geschmackvolle Produkt.

Verwandt mit dieser Gruppe ist der Aktualitätskitsch, der ja von der Reklame auch in ausgedehntem Maße ausgenutzt wird. An jedes Ereignis, an jedes Fest, namentlich wenn man sich recht lange darauf vorbereiten konnte, heften sich mit rasender Geschwindigkeit die Erinnyen der Profitwut und suchen es nach allen Richtungen gründlichst auszuschlachten. Alle Größen des öffentlichen Lebens, nicht nur in der hohen Politik oder in der Kunst, namentlich in der Theaterwelt, ja selbst traurige „Berühmtheiten", wie der Hauptmann von Köpenick, entgehen diesem Schicksal niemals; keine Popularität ohne Aktualitätskitsch. Es gibt allerdings auch gute Gegenstände, die der Anregung durch irgendeine Aktualität ihr Dasein verdanken, wie es auch gute Gelegenheitsgedichte gibt; aber dies sind Ausnahmen. Zu der Billigkeit des Preises, der in der Massenherstellung liegt, kommt ja noch die überstürzte und daher meist schleuderhafte Ausführung, die schon durch die große Konkurrenz begreiflich wird; beide Momente sind jeder Qualitätsarbeit von vornherein feindlich. — Jedes Jubiläum, jede Freudenfeier, ja jedes Volksfest und jede Bundeszusammenkunft zeitigt solche Waren, desgleichen jedes Theaterstück, das einigermaßen populär wird oder erst populär gemacht werden soll, wie etwa der Chantecler. Nicht nur Bismarck oder Richard Wagner, auch jeder einigermaßen volkstümliche politische Phrasendrescher oder jeder Operettenheld muß nicht nur zahlreichen gewerblichen Artikeln seinen Namen leihen, sein Bild erscheint auch auf jedem Bierkrügel, auf jedem Briefbeschwerer. Der einzige „Fortschritt" besteht etwa darin, daß einst zum Beispiel Victor Hugo mehr auf Kanapeekissen oder gestickten Pantoffeln [2]) zu sehen war, während heutzutage Blockkalender oder Bilderpostkarten mit den Porträten großer und kleiner Größen versehen werden. — Das bekannteste Beispiel für den Aktualitätskitsch unserer Tage bilden wohl die zahllosen Massenobjekte, die Bild oder Namen des populären Grafen Zeppelin [3]) weidlich ausschroten. Münzen und Bonbonnieren, Westen und Hosenträger, Christbaumschmuck, Seifenpulver, Schnurrbartbinden und Hunderte anderer Dinge wurden mit dem genialen Luftschiffer in Verbindung gebracht; aber selbst die offiziellen oder halboffiziellen Erzeugnisse, wie die Verschlußmarken oder die

---

[1]) Vgl. den Aufsatz „Schwatzhaftes Kunsthandwerk" im Leipziger „Kunstgewerbeblatt", Dezember 1909, S. 48 ff.

[2]) Vgl. die Abbildungen des Artikels „Les chefs d'œuvre du mauvais goût" von F. Duquesnel in der Zeitschrift „Je sais tout".

[3]) Vgl. den Aufsatz „Armer Zeppelin" im Stuttgarter „Neuen Tagblatt" vom 26. September 1908.

Aluminiumlöffel aus dem Gestänge der vernichteten Fahrzeuge ließen einen künstlerischen Wert vermissen. In Nürnberg erschienen Ansichtskarten mit dem Luftschiff, das über Gebäude fliegt, die zu jener Zeit nicht mehr vorhanden waren; in Berlin sammelte man den ausgeworfenen Ballastsand, um damit (oder mit anderem Sande) „Zeppelinschachteln" zu bekleben; in einer anderen Stadt wurde ein Modebild einer ganz anderen Figur mit dem Zeppelinkopf herausgegeben (Abb. 266), eine höchst sonderbare Ovation, da man doch auf den Rockschnitt hinweisen wollte. Man wurde vor die Wahl gestellt, die Asche einer Zeppelinzigarre dem Grafen, dessen Bild die Aschenschale „zierte", um den Mund zu schmieren, oder bei einem Sacktuch in das Luftschiff oder seinem Erfinder in das Antlitz zu schneuzen.

Und all das nannte man auch noch eine „Ehrung!" Schließlich balgten sich in Gerichtsprozessen verschiedene Industrieritter um das Recht des Namens oder Bildes als Warenzeichen. Hätte man die Millionen, die man für all den Schund hinauswarf, nicht einem höheren Zweck, etwa der Förderung der Luftschiffahrt, dienstbar machen können? —

Das ist eben das Traurige bei jedem Kitsch, daß nur der Fabrikant — meist allerdings auf Kosten seines Renommees — vorübergehend seine Taschen füllt, während der Käufer gewöhnlich nur zu rasch die Wertlosigkeit der Erwerbung erkennt und den Schund enttäuscht wegwirft. Dies ist nicht nur eine volkswirtschaftlich höchst bedauerliche Verschwendung, man möge auch die soziale Seite nicht übersehen. Adolf Vetter hat auf dem Berliner Werkbundtage (1900) mit vollem Rechte darauf hingewiesen,

Abb. 266
Graf Zeppelin als Modebild. (Aktualitätskitsch)

daß ein gut Teil der „Staatsverdrossenheit des Proletariats" mit dieser Frage zusammenhängt, da „nahezu alle Dinge der Notwendigkeit oder des Vergnügens, die er braucht oder genießt, Schundwaren, das heißt Lügen sind, die an ihm begangen werden. Soll treu bleiben, wer immer betrogen wird."

In den Kitschproduktionsstätten möge man bedenken, daß Neuruppin als der Erzeugungsort der gräßlichen Bilderbogen noch heute eine sonderbare Berühmtheit genießt; daß es auch einen K. F. Schinkel hervorgebracht hat, hat man darüber vergessen. —

Es ist traurig, daß man Erörterungen über ästhetische Geschmacksfragen mit Klagen beginnen und auch beschließen muß. Da jedoch schon wirklich hinreichend räsoniert worden ist, wollen wir im Vertrauen auf eine baldige

Besserung der Verhältnisse mit dem Satze des Oheims Grünebaum in Raabes „Hungerpastor" schließen:

„Haue deinem Lamento den Schwanz ab."

Ästhetische Reinkulturen

Wer sich einmal mit Hippologie zu beschäftigen Gelegenheit hatte, wird sich der auch in allen Reiterkasernen befindlichen Bildertafel „Das kranke Pferd" erinnern, auf welcher sämtliche bekannten Pferdekrankheiten mit ihren Symptomen gewissenhaft eingezeichnet sind. So eine edle Rosinante könnte wohl kaum eine Stunde leben.

Auch ein Gegenstand unseres Kunsthandwerks wäre nichts weniger als lebensfähig, wenn er sämtliche in unserem Register verzeichnete Fehlern in trauter Harmonie vereinigen würde. Und dabei möge man noch in Rechnung ziehen, daß nach der Anschauung anderer besonders strenger Richter die Liste nicht einmal vollständig wäre, sondern noch vieles andere, z. B. schrägbegrenzte oder „unverständliche" Füllungen, fehlende Konturen oder Schlagschatten bei Plakaten, „herabfallende Vordergründe" und dergleichen noch mehr getadelt werden sollten. Es ist schon genug traurig, daß sich die Erzeugnisse unserer Kunstindustrie und unseres Kunsthandwerks nicht lediglich in einer der angedeuteten Richtungen versündigen, sondern gewöhnlich mehrere größere oder kleinere Schönheitsfehler gleichzeitig aufzuweisen haben. Um möglichst klar sehen zu können, haben wir uns bemüht, die verschiedenen Schwächen zu zerlegen, die einzelnen Gebrechen zu isolieren und so gewissermaßen ästhetische Reinkulturen zu Studienzwecken zu züchten, wie es etwa der Bakteriologe macht. Wenn wir die einzelnen Krankheitserreger in ihrem Wesen und in ihrem Verhalten zu verschiedenen Heilmitteln möglichst genau erkannt haben, wird uns deren Bekämpfung viel leichter fallen.

Aber wenn es uns auch gelänge, alle aufgezählten Sünden gegen den guten Geschmack aus unserem Kunsthandwerk vollständig zu beseitigen, hätten wir dann das erstrebenswerte Ideal vollkommen erreicht? — Gewiß nicht! Dann besäßen wir ein gewiß sehr korrektes, aber leider auch wenig phantasievolles Kunstgewerbe. Gegen das Handwerkliche wäre dann allerdings nichts auszusetzen, das Künstlerische käme aber nicht zur Entfaltung.

Für eine ganz bestimmte Zwecklösung gibt es ja in jedem Material und in jeder Technik strenggenommen nur ein einziges höchstes Ideal. Aber eine Wiederholung derselben Gebrauchsformen, nur mit den verhältnismäßig geringen Variationen verschiedener Schmuckmodifikationen, wäre — wie wir bereits gesehen haben, auf die Dauer einfach unerträglich. Eben weil als oberstes Schönheitsgesetz die unbedingte Vermeidung der einförmigen Langeweile gilt, muß auch der gute Geschmack verschiedene Ausnahmen ausdrücklich oder stillschweigend gestatten.

Man kann bei näherer Beobachtung nun ganz deutlich erkennen, daß es zwei Arten von Dispensationen gibt, nämlich solche, die sich eine ganze Zeitperiode selbst einräumt, und solche, die sich einzelne Künstler oder Künstlergruppen, ohne jemand zu fragen, gegenseitig gewähren. Jede Zeitepoche sucht sich, um sich von ihrer Vorgängerin zu unterscheiden, aus unserem Register einzelne Steckenpferde aus, auf denen sie herumreitet, gegen andere Punkte ist sie schwerhörig, ja nicht selten ganz taub. So unterstreicht die heutige Zeit die Materialechtheit doppelt, huldigt aber, was den Schmuck anlangt, geradezu mit Vorliebe dem Puritanismus; unsere Eltern dagegen überboten einander in der Schmucküberladung, sahen aber bezüglich der Materialsurrogate gerne durch die Finger; andere Zeiten werden wieder andere Fehler als erlaubt oder gar als lobenswert empfinden. — Aber auch der e i n z e l n e K ü n s t l e r oder sein Kreis macht von der Tatsache, daß es in ästhetischen Dingen keine für alle Zeiten mit gleicher Strenge bindenden Gesetze, keine hochnotpeinliche Halsgerichtsordnung gibt, mitunter einen recht stattlichen Gebrauch.

Kleine beabsichtigte Fehler können recht p i k a n t wirken, ähnlich wie die Schönheitspflästerchen der Rokokozeit, die den Teint der Haut nur um so strahlender erscheinen ließen. Aber selbst recht merkliche Abweichungen von der nächstliegenden logischen Lösung werden ohne Murren aufgenommen werden, wenn wir auf andere Weise durch O f f e n b a r u n g e n e i n e s s t a r k e n k ü n s t - l e r i s c h e n K ö n n e n s mehr als entschädigt werden. Wenn schon das Wort „Geschmack" dem so schwer in Worte zu fassenden Gebiete der Gaumen- und Zungenreize entnommen ist, können wir ja, um im selben Bilde zu bleiben, nicht nur an Speisen, sondern auch an das doch gewiß geschmacklose, aber eben darum nicht schlechte Wasser denken, das nach den Versicherungen eines griechischen Weltweisen das Beste wäre, während Luther allerdings behauptet: „Wasser tut's freilich nicht."

Übrigens sei nicht vergessen, daß die Verbrechen und Vergehen gegen den guten Geschmack, die wir aufgezählt haben, doch was ihre S c h w e r e anlangt, recht v e r s c h i e d e n e r A r t sind. Wenn wir für alles passende Strafen einführen sollten, dann gäbe es einen gewaltigeren Spielraum als in unseren Strafgesetzen: vom einfachen Nasenstüber bis zur qualifizierten grausamen Todesstrafe. Die Künstler, deren Schuld meist auf dem Konstruktionsgebiet zu liegen pflegt, kämen im allgemeinen viel besser weg als einzelne Schundwarenfabrikanten, die schon die schwersten Material- und Dekorverbrechen mit kalter Überlegung auf ihr Gewissen geladen haben. Diese haben keinen Anspruch auf Nachsicht oder mildernde Umstände, zumal sie sich nur von materiellen Vorteilen leiten ließen, während sich der Künstler, der in einer etwas weitgehenden Originalitätsliebe den realen Boden verliert, auf Schillers Wort berufen kann: Schönheit bedeutet Freiheit in der Erscheinung.

Eine allzu übertriebene S t r e n g e i n G e s c h m a c k s f r a g e n ist aber nicht empfehlenswert. Keiner von uns ist frei von Schuld und Fehl, jeder hat in seiner eigenen Wohnung manches, was einem kritischen Richterblick nicht standhalten könnte, zumal Rücksichten der P i e t ä t gegen andere wie gegen die eigene Jugend zu mancher Duldung verleiten, die einem Fernstehenden wunderlich erscheinen mag. Eine Strenge wäre aber auch insofern fehl am Ort, als uns ja alle Zwangsmittel fehlen, unseren Forderungen einen gebührenden Nachdruck zu verschaffen. Ja wir können weitere Kreise, die sich vielleicht durch verständnisinnige und liebevolle Überredung zur Abkehr von geschmacklosen Dingen bewegen ließen, durch barsches Verlangen geradezu in eine verstockte Opposition treiben.

Jedenfalls aber müssen wir uns stets darüber Rechenschaft zu geben suchen, was uns an einem Gegenstande gefällt und was nicht. Es kann etwas in der Form schön sein, aber in Material oder Farbengebung unseren Tadel herausfordern; bei einem anderen Stück von mißlungener Formgebung kann uns ein sympathischer und origineller Farbenakkord über die Mängel hinwegtäuschen usw. Erst die genaue Analyse zeigt uns, wo etwa der Hebel anzusetzen ist.

Die ästhetischen Reinkulturen, die wir in unserem System fein säuberlich zu ordnen versucht haben, mögen nur so lange Studienobjekte bleiben, als es notwendig ist.

Ein Ideal wäre es allerdings, wenn man die Abteilung der „Geschmacksverirrungen" im Stuttgarter Landesgewerbemuseum, die nach dem gleichen System angeordnet ist, in nicht zu ferner Zeit als bereits unnötig ganz auflösen könnte, wenn unser allgemeines Geschmacksurteil so verfeinert werden würde, daß alle diesbezüglichen Erörterungen nur noch ein rein akademisches, historisches Interesse aus einer früheren „barbarischen" Zeit hätten. Ich bin nicht genug Optimist, um das Morgenrot der entscheidenden Besserung schon für morgen zu erhoffen.

Literaturhinweise

Bibliographien:
Schüling, Herrmann: Zur Geschichte der ästhetischen Wertung, Bibliographie der Abhandlungen über den Kitsch; Gießen, 1971.
– Warum liest man Kitschromane?, Literaturhinweise; Berlin (Amerika Gedenkbibliothek), 1957.

Selbständige Schriften:
Ackerknecht, Erwin: Der Kitsch als kultureller Übergangswert; Bremen, 1950.
Abendschau Baden-Württemberg, Kitschmuseum. Katalog einer Ausstellung im Schloß Montfort, Langenargen; Stuttgart/Baden-Baden, 1984.
Baumann, Carl: Literatur und intellektueller Kitsch – Das Beispiel Stendhals – Zur Sozialneurose der Moderne; Heidelberg, 1964.
Benjamin, Walter: Schriften, Bd. 1 (Hrsg. von Theodor W. Adorno u. Gretel Adorno unter Mitwirkung von Friedrich Podszus); Frankfurt/Main, 1955, S. 423 ff: Traumkitsch.
Broch, Hermann: Dichten und Erkennen, Essays Bd 1 (Hrsg. u. eingeleitet von Hannah Arendt) Zürich, 1955, S. 295 ff.: Einige Bemerkungen zum Problem des Kitsches.
Calinescu, Matei: Faces of Modernity, Avant-garde, decadence, kitsch; Bloomington, 1977.
von Criegern, Axel und Kattenstroth, Christian: Kitsch und Kunst – Materialien zur Theorie und Praxis der ästhetischen Erziehung; Ravensburg, 1977.
Cwojdrak, Günther (Hrsg.): Die Kitschpostille; Berlin, 1966[3].
Demetz, Peter: Kitsch, Belletristik, Kunst: Theodor Fontane; Berlin, 1970.
Deschner, Karlheinz: Kitsch, Konvention und Kunst; München, 1957.
Dorfles, Gillo: Il Kitsch – Antologia del cattivo gusto, con i contributi di John McHale e saggi di Hermann Broch e Clement Greenberg; Milano 1969[2]. Deutsch: Der Kitsch, Tübingen, 1969 und Gütersloh, 1977.
Eco, Umberto: Apcalittici e integrati – Communicazioni di massa e teorie della cultura di massa; Milano, 1965[2].
Egenter, Richard: Kitsch und Christenleben; Ettal, 1958.
Fischer, Volker: Nostalgie – Geschichte und Kultur als Trödelmarkt (Hrsg. von Heinrich Klotz) Luzern, Frankfurt/Main, 1980.
Friedländer, Saul: Kitsch und Tod, Der Widerschein des Nazismus (aus d. Franz. 1982); München, 1984.
Giesz, Ludwig: Phänomenologie des Kitsches; München, 1971[2]
Hauser, Arnold: Soziologie der Kunst; München 1978[2], S. 267-269.
Hoffmann, Frank: Der Kitsch bei Max Frisch – Vorgeformte Realitätsvokabeln – Eine Kitschtopographie; Bad Honnef, Zürich, 1979[2].
Holthusen, Hans Egon: Ja und Nein – Neue kritische Versuche; München, 1954, S. 240 ff.: Über den sauren Kitsch.
Horvat Pintarid, Vera: Od Kiča do ugečnosti. Zagreb, Nakl. Centra društvo djelatnosti Saveza… 1979 (Vom Kitsch zur Ewigkeit).
Karceva, Ellena Nikolaevna: Kič ili toržestvo pošlosti, Moskva, Iskustvo 1977 (Sieg der Banalität).
Karpfen, Fritz: Der Kitsch – Eine Studie über die Entartung der Kunst; Hamburg, 1925.
Kellerer, Christian: Weltmacht Kitsch – Ist Kitsch lebensnotwendig?; Stuttgart, Zürich, Wien, 1957.
Killy, Walter: Deutscher Kitsch; Göttingen, 1961.
Kutsche, L.: Überall ist Zwergenland – Ein Streifzug durch den Kitsch; Berlin, 1960.
Matthaei, Renate: Trivialmythen; Frankfurt/Main, 1970.

Moles, Abraham Antoine: Le Kitsch – L'art du bonheur; Paris, 1971. Deutsch: Psychologie des Kitsches; München, 1972.
Münchner Hinterhoftheater: Kitsch 84, Katalog einer Veranstaltungsreihe; München, 1984.
Osta, Jean d': Encyclopédie du Kitsch; Brüssel, 1972.
Pawłowski, Tadeusz: Beiträge zum Problem der Interpretation und Wertung des Ästhetischen; Paderborn, 1977.
Pazaurek, Gustav E.: Guter und schlechter Geschmack im Kunstgewerbe; Stuttgart, Berlin, 1912.
Pross, Harry: Medium Kitsch und Medienkitsch; Berlin, 1984.
Reimann, Hans: Das Buch vom Kitsch; München, 1936.
Sauer, Klaus/German Werth: Lorbeer und Palme, Patriotismus in deutschen Festspielen; München, 1971.
Schulte-Sasse, Jochen: Die Kritik an der Trivialliteratur seit der Aufklärung – Studien zur Geschichte des modernen Kitschbegriffs; München, 1971.
Schulte-Sasse, Jochen (Hrsg.): Literarischer Kitsch – Texte zu seiner Theorie, Geschichte und Einzelinterpretation; München, 1979.
Steinberg, Rolf (Hrsg.): Nazi-Kitsch; Darmstadt, 1975.
Stöckle, Wilhelm: Deutsche Ansichten, 100 Jahre Zeitgeschichte auf Postkarten; München, 1982.
Thompson, Michael: Rubbish Theory – The creation and destruction of value; Oxford, 1979.
Ueding, Gert: Glanzvolles Elend – Versuch über Kitsch und Kolportage; Frankfurt/Main, 1973.
Weigel, Hans/Walter Lukan/Max D. Peyfuss: Jeder Schuß ein Ruß – Jeder Stoß ein Franzos. Literarische und graphische Kriegspropaganda in Deutschland und Österreich 1914-1918; Wien, 1983.
Willkomm, Liebgunde: Ästhetisch erleben – Eine psychologische Untersuchung des Übergangs von Kunsterleben und Kitscherleben; Hildesheim, 1981.
Wolf, Wilfried: Die Phänomenologie des »Kitsches«; Osnabrück, 1980.
Zankl, Hans Ludwig: Kunst, Kitsch und Werbewirkung; Düsseldorf/Wien, 1966.

Aufsätze, chronologisch
Hausenstein, Wilhelm: »Essay über den Kitsch«, in: Die Neue Zeitung, München, Jg. 6, Nr. 42, S. 7 f. (18. 2. 1950).
Herzog, Bert: »Religiöser Kitsch«, in: Orientierung. Kath. Blätter f. weltanschauliche Information, Nr. 11/1950 S. 128/9.
Michel, Karl Markus: »Gefühl als Ware. Zur Phänomenologie des Kitsches«, in: Neue Deutsche Hefte, Gütersloh, Heft 57 (April 1959), S. 31-48.
Baumgart, Reinhard: »Sanfte Droge – Der Kitsch und seine neuen Gönner«, in: Christ und Welt, Stuttgart, Jg. 17, Nr. 42, S. 20.
Durzak, Manfred: »Der Kitsch – Seine verschiedenen Aspekte«, in: Der Deutschunterricht, Stuttgart, Jg. 19, 1967, Heft 1, S. 93-120.
Holthusen, Hans Egon: »Über den Kitsch«, in: Neue Literarische Zeitschrift des Schriftstellerverbandes der RVR, Bukarest, Jg. 34, 1966, Nr. 1716, S. 49-51.
Rudolf, Dieter: »Kitsch oder Kunst? Gibt es Wertmaßstäbe für eine Antwort auf diese Frage?«, in: Die Kommenden – Eine unabhängige Zeitschrift für geistige und soziale Erneuerung, Freiburg, Jg. 22, 1968, Nr. 1, S. 13-15, Nr. 2, S. 15-17.
Betzler, E.: »Marginalien zum Thema Kitsch«, in: Pädagogische Rundschau, Ratingen, Jg. 23, 1969, Heft 7-8, S. 496-512.
Améry, Jean: »Kitsch, Kunst, Kitschkunst. Randbemerkungen zu einem aktuellen Thema«, in: Schweizer Rundschau, Einsiedeln, Jg. 67, 1968, S. 485-488.
Rudolff, Dieter: »Der süße und der saure Kitsch«, in: Die Kommenden, Freiburg, Jg. 24, 1970, Nr. 10, S. 11-13.

Erhard, Ernst-Otto: »Kitsch – Historie und Gegenwart«, in: Du – Kulturelle Monatsschrift, Zürich, Jg. 30, 1970, Heft 11, S. 865-870.

Jöstlein, Hans: »Kitsch und kommerzielle Wertproduktion«, in: Archiv für Urheber-, Film-, Funk- und Theaterrecht, München-Pullach, Bd. 62, 1971, S. 175-181.

Holländer, Hans: »Kitsch, Anmerkungen zum Begriff und zur Sache«, in: Das Triviale in Literatur, Musik und bildender Kunst, hrsg. von Helga de la Motte-Haber, Bd. 18, Frankfurt/Main, 1972, S. 184-209.

Hugli, Pierre: »Kitsch et musique«, in: Schweizerische Musikzeitung, Zürich, Jg. 111, 1971, Nr. 4, S. 212-220.

Calinescu, Matei: »The benevolent monster: reflections on Kitsch as an aesthetic concept«, in: Clio – An interdisciplinary Journal of literature, history and the philosophy of history, Menasha, Wisconsin, Vol. 6, 1976, N. 1, p. 3-21.

Kamma, Karl: »Kriterien des musikalischen Kitsches«, in: Musik und Bildung, Mainz, Jg. 67, 1976, Heft 6, S. 307-312.

Simon-Schaefer, Roland: »Kitsch und Kunst«, in: Allgemeine Zeitschrift für Philosophie, Stuttgart, 1980, Heft 2, S. 37-52.

Moles, Abraham A.: Kunstfuturologie. Zur Rolle des Kitsches und der Kopie in der sozialästhetischen Entwicklung, in: Werte in kommunikativen Prozessen. Beiträge und Diskussionen der 8. Karlsruher Tage für experimentelle Kunst und Kunstwissenschaft. Hrsg. von Götz Großklaus u. Ernst Oldemeyer; Stuttgart, 1980.

Pross, Harry: »Kitsch und Tod. Saul Friedländer entdeckt ›Strukturen des Imaginären‹ in Vergangenheit und Gegenwart«, in: Die Zeit, Hamburg, Jg. 39, 1984, Nr. 36, 31.8., S. 37.

187

Die Autoren

Professor *Ivan Bystřina* lehrt Kommunikationstheorie und Semiotik an der Freien Universität Berlin. Veröffentlichungen: Über 150 Aufsätze und neun Bücher, darunter »Semiotik. Grundlagen und Probleme«, Stuttgart 1978 (zusammen mit G. Bentele).

Professor *Vilém Flusser* lehrt Kommunikationsphilosophie an der geisteswissenschaftlichen Fakultät der Universität São Paulo. Buchveröffentlichungen in deutscher Sprache: »Für eine Philosophie der Fotografie«, Göttingen 1983; »Einführung ins Universum der technischen Bilder« (erscheint in Kürze).

Michael Hofmann ist wissenschaftlicher Mitarbeiter am Institut für Semiotik und Kommunikationstheorie der Freien Universität Berlin. Veröffentlichungen: Mehrere Aufsätze sowie »Stereotyp – Klischee – Image. Medientechnologie und öffentliche Kommunikation« (erscheint 1985).

Jan Kotik ist Maler und Designer. Er war von 1963 bis zur Emigration 1969 Vorsitzender des tschechoslowakischen Rates für Formgebung. Veröffentlichung: »Konsum oder Verbrauch. Über Gebrauchswert und Bedürfnisse«, Hamburg 1974.

Dr. Helmut Lamprecht ist Leiter der Hauptabteilung Kulturelles Wort bei Radio Bremen. Veröffentlichungen: Mehrere Aufsätze und Bücher, zuletzt »Wenn das Eis geht. Lesebuch zeitgenössischer Lyrik«, 1983.

Professor *Abraham Moles* ist Direktor des Instituts für Kommunikationsforschung der Universität Straßburg. Veröffentlichungen in deutscher Sprache: Verschiedene Aufsätze sowie »Psychologie des Kitsches«, München 1972.

Professor *Carlo Mongardini* lehrt Politische Wissenschaften an den Universitäten Rom und Mailand. Veröffentlichungen: In Italien mehrere Bücher, in Deutschland verschiedene Aufsätze zu kommunikationssoziologischen Fragen.

Professor *Harry Pross* lehrte bis 1983 an der Freien Universität Berlin. Veröffentlichungen: Über 150 Aufsätze und mehr als 20 Bücher zur Zeitgeschichte, Kommunikationstheorie und Medienwissenschaft, darunter »Die Zerstörung der deutschen Politik«, 2. Auflage Frankfurt/Main 1983; »Zwänge. Essay über symbolische Gewalt«, Berlin 1981; zuletzt »Rituale der Medienkommunikation. Gänge durch den Medienalltag«, Berlin/Marburg 1983 (zusammen mit Claus-Dieter Rath).

Dr. Volker Rapsch ist freier Publizist. Veröffentlichungen: Mehrere Aufsätze sowie »Streiflichter einer Karriere. Anmerkungen zur Laufbahn der Journalistin Annamarie Doherr. 1909-1974«, Frankfurt/Main 1984.

Professor *Vicente Romano* lehrt Kommunikationstheorie an der soziologischen Abteilung der Universidad Complutense von Madrid. Veröffentlichungen: In Spanien mehrere Bücher, in Deutschland verschiedene Aufsätze über Probleme der Massenkommunikation.

Dr. Rosalinde Sartorti arbeitet für eine internationale Institution in Genf und hat einen Lehrauftrag an der Universität Fribourg. Veröffentlichungen: Mehrere Aufsätze sowie »Sowjetische Fotografie«, München 1975 (zusammen mit Henning Rogge); »Pressefotografie und Industrialisierung in der Sowjetunion. Die Prawda 1925-1933«, Berlin 1981.

Herbert Spaich ist Kulturredakteur beim Süddeutschen Rundfunk in Stuttgart. Veröffentlichungen: »Fremde in Deutschland«, Weinheim/Basel 1981; »Asyl bei den Deutschen«, Reinbek bei Hamburg 1981.

Professor *Philipp Wambolt v. U.* lehrte Sozialanthropologie an der Katholischen Universität Valparaiso (Chile) und ist Dozent für Mikro-Soziologie am Fachbereich Sozialpädagogik der Fachhochschule Dortmund. Veröffentlichungen: Aufsätze zur Soziologie von Kleingruppen; interfakultative Projekte u.a. »Untersuchung der Heidelberger Altstadt« (1953-1956), »Untersuchung der konfliktiven Wertkonfiguration im gegenwärtigen Lateinamerika am Beispiel Chiles« (1967-1970).

Nachwort des Herausgebers

Ursprünglich hatte ich die Absicht, mit ein paar Freunden, die sich mit Kommunikationstheorien befassen, in aller Ruhe über den Begriff »Kitsch« zu sprechen. Ich vermutete, daß allenthalben gekitscht und verkitscht wird, weil die Beschleunigung der Mitteilungen zu Abkürzungen und Verkürzungen der erforderlichen Mitteilungslängen zwingt.

Kitsch als Medium und Medienkitsch betrachtet, hat drei Erscheinungsformen: die bildliche Präsentation, den sprachlichen Diskurs und nicht zuletzt die Verbindung beider im zwischenmenschlichen Kontakt. Letztere fast allgegenwärtig in der täglichen Kleinpropaganda. Die Diskussion über Kitsch ging vom Bild aus, weil der Ausdruck zuerst für rasch angefertigte Bilder in Umlauf kam, dann für plastische Formen und Sprachbilder.

Blieb der Verhaltenskitsch, der aus der Selbstdarstellung in Sprache und Präsentation sich ergibt. Das »kitschige Verhalten«, um Eindruck zu schinden, oder aus einem Defekt der Selbstzensur geht über in den von Walter Benjamin 1927 so genannten »Traumkitsch«, oder es kommt aus jenem hervor. Da verliert sich die Spur in der Individualpsychologie. Andererseits ist längst klar, daß zu Zwecken der Massenregie eben diese Unsicherheiten in der Selbstdarstellung jedes einzelnen angepeilt werden. Der Nazismus mit seiner chaplinesken Leitfigur ist durch die Kleinpropaganda großgeworden, die auf emotionale Defizite spekulierte. Was wird aus der heutigen Kleinproganda hervorgehen?

Hannah Arendt hat in ihrer Einleitung zu Brochs Essays geschrieben, wer Rituale zelebriere sei ein Priester, »selbst wenn es irdische Rituale sind, und wer ein Priester ist, verkörpert bei aller Irdischkeit, immer noch einen nicht unbeträchtlichen Rest der kindheitsverspielten, längst überalterten Heiligkeitsphantasien«. Da unsere Gesellschaft durch ritualisierte Abläufe von Produktion und Konsum gesteuert wird, mußte sich die Frage nach der sozialen Bedeutung von Kitsch auch auf die Rituale richten und die Phantasien von Bündigkeit und Harmonie, die sie beschwören. Damit binden sie uns in Arbeitsleistung und Freizeit zu gefügigem Tun zusammen. Drei der in diesem Band zu Wort kommenden Autoren, – Abraham Moles (Straßburg), Carlo Mongardini (Rom) und Vicente Romano (Madrid) –, haben sich in meiner Sammlung zum Thema »Rituale der Medienkommunikation« früher geäußert (Guttandin & Hoppe 1983, Berlin). Im Vorliegenden geht Michael Hofmann der Frage nach, inwieweit wir durch die Medienorganisation verkitscht werden. Welchen Interessen dient die Aufmerksamkeit, von der wir subjektiv glauben, es sei unser freier Wille, der sie aufbringt?

Soweit waren die Vorüberlegungen gediehen, als der Westallgäuer Heimatverein e.V. eine Ausstellung von alpenländischen Souvenirs und Devotionalien zu planen begann. Es lag nahe, das Gespräch zwischen Soziologen, Psychologen, Kommunikationswissenschaftlern, Journalisten und Designern mit dieser Ausstellung zu verbinden. Die moderne Wissenschaft ist ein Produkt der Städte, die unsere Kultur bestimmen. Warum sollte nicht eine ländliche Marktgemeinde, Weiler im Allgäu, alternativ zu den großen Institutionen, das Forum für eine öffentliche Diskussion von Begriffen werden? Der Rahmen würde weniger streng und die Zeiteinteilung würde, den lokalen Toleranzen entsprechend, Pausen zum peripathetischen Gespräch und zur üblen Nachrede im Wirtshaus lassen.

So wurde aus dem geplanten Gedankenaustausch das internationale und interdisziplinäre Seminar im Kornhaus, einem der beiden Museen des Heimatvereins. Ihm und den Bürgern, die ihn dabei materiell und ideell unterstützten, sei an dieser Stelle gedankt. Sie haben eine Woche lang fremden Theoretikern praktische Gastfreundschaft erwiesen. Ihre aufs Praktische orientierte Heiterkeit hat das halbe Hundert angemeldeter Teilnehmer und das Publikum der Abendvorträge davor bewahrt, der Sache mehr Gewicht beizulegen, als sie hat. Die Relativität der Standpunkte wurde gewahrt. Dogmatismus hatte keine Chance. Die Wissenschaft blieb fröhlich, weil die Umgebung fröhlich war.

Dies ist um so höher zu bewerten, als die »große Öffentlichkeit« durch Korrespondenten von Zeitungen und die Mikrophone des Radios sich »herstellte«. Dafür habe ich vor allem dem Westdeutschen Rundfunk zu danken, der »aufs Dorf ging« und mitschnitt, was im Kornhaus vorgetragen und diskutiert wurde, dem

Süddeutschen Rundfunk, der sich beteiligte, und dem Österreichischen Fernsehen, das eine seiner berühmten »Club 2«-Diskussionen an das Seminar anschloß.

Was hier nun, freilich ohne die Zwischentöne aus den Zwischenräumen und Zwischenzeiten des Seminars, illustriert im Druck vorliegt, lenkt die Aufmerksamkeit auf den Kitsch als ein gesellschaftliches Produkt. Die Frage war schon 1912 in dem im Anhang wiedergegebenen Text des Museumsdirektors Pazaurek enthalten; aber sie ist dort nicht ausgesprochen. Dafür wurde die politische Dimension des Kitsches in der Kriegspropaganda vor und nach 1914 deutlich. Seitdem ist der Kitsch als Bestandteil der Massenregie in kommerzieller wie politischer Hinsicht aufdringlich geworden. »Jedes Wertsystem kann, wenn von außen her in seine Autonomie eingegrifen wird, gestört und depraviert werden; eine Christlichkeit, deren Priester genötigt werden, Kanonen und Panzertanks zu segnen, streift genauso an den Kitsch wie eine Dichtung, die das geliebte Herrscherhaus oder den geliebten Führer oder den geliebten Obermarschall und Ministerpräsidenten zu verherrlichen sucht.« Damit brachte Hermann Broch 190/51 an der Universität Yale den »Kitsch« in die Wertdiskussion ein.

In den vorliegenden Diskussionsbeiträgen erweist sich die Wertdiskussion auch noch 35 Jahre nach Broch als unumgänglich. Ob der Kitsch als Lebenshilfe verstanden, als Abfall kategorisiert oder als Mangel an Selbstbestimmung als Unfreiheit – die Autoren kommen immer wieder auf Normen und Werte und deren Fragwürdigkeit zurück. Das wäre nicht anders, wenn es mir gelungen wäre, auch einen Referenten für »Kitsch in der Musik« zu finden. Die Beschränkung auf Wort, Bild, Verhalten, läßt diesen Mangel weniger hervortreten als die alltägliche Berieselung mit Musiken, der kaum noch auszuweichen ist, jedenfalls nicht in öffentlichen Lokalitäten. Was sie für die Verkitschung des modernen Menschen bedeutet, ist also die offene Frage. Mitarbeiter und Herausgeber hoffen, daß Leser und Kritiker noch andere Fragen aus der Lektüre gewinnen. Das Thema ist nicht abgeschlossen, wenn es anstößig wirkt, hat das Buch etwas bewirkt.

Harry Pross

List Forum

KLAUS GEROSA (Hrsg.)

Große Schritte wagen

Über die Zukunft der Friedensbewegung
192 Seiten. Paperback

Namhafte Vertreter der Friedensbewegung haben (nach dem äußerlichen Scheitern ihrer Bemühungen im Herbst 1983) ihre Positionen überdacht und bieten neue Vorschläge für konkrete Handlungsweisen und Denkansätze für die Zukunft an. Die Autoren decken dabei gesellschaftspolitisch wichtige Bereiche ab und finden die Brücken von der Friedens- zur Frauen-, Ökologie- und Bürgerinitiativbewegung. Die Beiträge wollen in ihrer Gesamtheit den Grundstein für einen Neuanfang legen, der sich stärker als bisher an grundsätzlichen Fragen und weniger an tagespolitischen Auseinandersetzungen orientiert.

HERBERT VON BORCH (Hrsg.)

Die großen Krisen der Nachkriegszeit

Der Kalte Krieg nach 1945 – Indochina – Ungarn –
Suez-Kanal – Berlin – Cuba – Prag – Naher Osten.
192 Seiten mit 8 Landkarten. Broschur.

Das Buch richtet sich in erster Linie an ein junges Publikum, das die großen Krisen der Nachkriegszeit überhaupt nicht oder nur als Kind „miterlebt" hat. Diese jüngere Generation lebt in einer politischen Konstellation, deren Ursachen und Hintergründe sie, wenn überhaupt, nur aus dem Geschichtsunterricht erfahren hat. Doch auch für die älteren Generationen ist dieser Band von großem Interesse, da sie zwar Augenzeugen der Nachkriegsgeschichte waren, aber ihre Einzelheiten heute nicht mehr nachvollziehen können.
Ein wichtiges Dokument über die vierzigjährige Nachkriegsära und ein bedeutender Beitrag zum Verständnis der momentanen politischen Weltsituation.

List Verlag